Philosophie
de
l'Influence Personnelle

TRAITE SCIENTIFIQUE

Sur les usages et les possibilités du

Magnétisme Personnel

Hypnotisme

Mesmérisme

Thérapeutique Suggestive

Soulagement Magnétique

et Phenomènes y ayant rapport

AINSI QU'UN CHAPITRE SUR LA

"MANIERE d'ACQUERIR LA PUISSANCE"

Illustré de scènes actuelles d'hypnotisme.

Enrègistré, 1902, par le " New York Institute of Science."

Table des Matières.

Ce que des éducateurs et des hommes éminents disent de l'Hypnotisme.

Lettre du Dr. Wm. James, Ph. D.—Rév. Russell Conwell, D. D., président du "Temple College"—H. Bernheim, M.D.,—Université de France—Albert Moll, M.D., Londres—Congrès universel d'hypnotistes, Paris.

Congrès international d'Hypnotisme.

Vingt-quatre nationalités représentées—500 délégués—Les savants les plus éminents du monde—Quelques-uns des délégués.

Le Dr. Sage, une autorité en fait de Magnétisme personnel et d'Hypnotisme.

Sa carrière et sa reconnaissance par le monde littéraire et scientifique—Tour fameux—Il connait cette science dans tous ses aspects—Ses expériences chez les favorisés de la fortune—Secrets merveilleux expliqués.

Approbation donnée au Dr. Sage par des Collèges et les journaux.

"Université de Maryland"—"Ohio State University"—"Gibbons School"—"Société Médicale de Fall River"—"Temple College"—"Southern Homeopathic Medical College" et plus de 200 autres institutions—Ce que disent les journaux.

Comment acquérir la puissance.

Une méthode systématique—Non un don inné—Avec l'assurance que vous serez renseigné—Nous vous instruirons par correspondance—S'apprend facilement—Ne peut être oublié—Cours magnifiquement illustré—Caractère du cours.

Ce que notre cours enseigne.

Cinquante et un points reconnus de supériorité—Comment devenir magnétique—Comment hypnotiser à vue—Comment faire disparaître l'influence—Comment vous hypnotiser vous-mêmes—Comment vous faire aimer des autres—Comment toucher le cœur—Coup-d'œil sur le "New York Institute of Science"—Ses officiers et sa faculté.

Organisation du "New York Institute of Science."

Son but—Son Président—Ses succès—Comment l'on nous considère.

Quelques conseils de prudence.

Informez-vous avant de suivre un cours—Comparez les approbations données au Dr. Sage avec celles des autres—Comment décider—Preuve absolue de la supériorité de notre cours.

PHILOSOPHIE DE L'INFLUENCE PERSONNELLE

"Cet enseignement qui ne dévoile pas le secret de la puissance est indigne du nom d'éducation."

DAVID STARR JORDAN, Prés. de la "Leland Stanford University"

LES pages de l'histoire sont remplies d'exemples de l'influence dominatrice de certains hommes. D'une situation inférieure, le grand Alexandre s'éleva au pinacle de la puissance, rêvant toujours de nouvelles conquêtes. Le vaste domaine de l'effort humain abonde en caractères qui ont forcé ceux qui les entouraient à une obéissance mentale et physique. Témoin le succès de Napoléon, l'élévation de Cromwell, la carrière de Washington. La renommée que les grands hommes conquirent leur appartient. Elle doit être attribuée directement à leur habileté à dominer les hommes, à annihiler leur volonté et à se rendre maîtres absolus, par la force de leur personnalité, de ceux qui les entourent.

D'où viennent cette force toute-puissante, ce pouvoir invisible ; quel est ce principe merveilleux, intangible, omnipotent qui contrôle la destinée de l'homme, qui en fait un potentat, quelle que soit la sphère où il est appelé à vivre ? Pendant que la puissance de l'influence personnelle est visible, la nature de cette puissance est entourée de mystère.

C'est la gloire du dix-neuvième siècle d'avoir découvert les lois de l'influence personnelle—de cette puissance qui dirige et forme les pensées des hommes. Non-seulement de les avoir découvertes, mais d'en avoir fait une science ; oui, la science d'une science—la philosophie. Il est établi que l'influence personnelle dépend de lois divines immuables, qui ont existé et qui existeront à travers tous les âges.

L'homme possèdera le secret de l'influence personnelle s'il veut seulement analyser ces lois et se rendre compte de leurs multiples manifestations. La science du magnétisme personnel n'est point compliquée, ni ses lois difficiles à comprendre. Elles dépendent de la dualité des facultés mentales, de la construction physiologique particulière du cerveau. Elles sont manifestées par ce qui est connu comme magnétisme personnel, hypnotisme, et suggestion. Chacune de ces manifestations dépend des mêmes lois immuables, et en un certain sens elles sont identiques.

La découverte de la nature de cette puissance merveilleuse marque une époque nouvelle dans les affaires humaines. Elle range parmi les réalités ce qui n'avait été que probabilités. Elle donne à tous les hommes qui se rendront maîtres de ces lois la puissance qui a été détenue et exercée par quelques-uns seulement. Elle laisse entrevoir un avenir plein de promesses.

La découverte des lois et la corrélation des faits ayant rapport à ce sujet représentent le travail de plusieurs années. Les témoignages de milliers de personnes attestent combien ce travail a été bien fait. Ces recherches dans le domaine des sciences occultes sont aujourd'hui mises au rang des découvertes d'hommes tels que Franklin, Newton et Édison. Elles sont mêmes plus importantes pour l'homme, car elles concernent directement son être. Afin que tous puissent profiter de ses avantages, les résultats ont été portés à la connaissance du monde entier. La manière de développer ce pouvoir subtil vous est offerte.

En passant, il est un fait qu'il faut bien faire ressortir ; c'est que le magnétisme personnel n'émane ni ne doit son existence à ce volume, mais ce volume est le résultat de la découverte et de l'analyse des lois de cette merveilleuse science occulte par le Dr. X. La Motte Sage, A.M., Ph. D., LL. D.

CHARLES S. CLARK, M.A.
Vice-président et Gérant général, "New York Institute of Science."

MAGNETISME PERSONNEL

E magnétisme personnel, puissance de volonté, force nerveuse—nommez-le comme vous le voudrez—est le pouvoir intangible qui gouverne la destinée humaine. C'est la clef de tous les succès dans les affaires et dans la société. Si vous venez en contact avec la foule, vous ne pouvez vous passer de cette science. Elle vous donnera un inestimable avantage sur les autres.

Avantage sur les autres.

Le succès de l'homme, dans la vie, dépend de lui-même. Il est mis au monde afin d'y faire sa marque ou d'y enrégistrer son insuccès. Il périra ou surnagera dans cette grande mer humaine où il est lancé. S'il réussit on attribue son succès à ce "qu'il l'avait en lui." Quelle est donc cette chose mystérieuse? Quel est ce facteur subtil qui dormait en sa personnalité, et dont le développement lui a apporté le triomphe et non la défaite? Quel est cet attribut de son individualité, qui lui a permis de s'élever échelon par échelon, en se hissant sur les épaules des autres hommes?

Analysez le succès des hommes illustres du jour ou des siècles passés; étudiez leur vie; rendez-vous compte des méthodes qui leur ont procuré le succès. Vous constaterez qu'ils sont parvenus aux positions élevées en raison de leur habitude à façonner les pensées des hommes, à dominer leur volonté, afin de pouvoir les conduire comme des enfants. Le magnétisme personnel, à l'état latent, développé en eux leur a donné ce pouvoir irrésistible et insurmontable qui leur a permis de se frayer un chemin jusqu'au sommet de l'échelle de la renommée.

Le magnétisme personnel est une manifestation de l'hypnotisme —sa manifestation la plus importante et dont la puissance est illimitée. C'est un effet produit par l'influence hypnotique, mais la personne subissant cet effet est entièrement inconsciente du fait que vous l'influencez. Elle est parfaitement éveillée et elle accepte vos suggestions parce qu'elle croit avoir réfléchi sur ce qui lui est suggéré et que sa raison lui commande d'agir ainsi. Mais en vérité elle n'a point sa raison, elle ne peut raisonner tant qu'elle est sous l'empire de cette subtile influence.

Son caractère et sa nature.

8

Elle est pratiquement un automate, obéissant inconsciemment à la volonté d'un autre.

Personnes induites à acheter des marchandises, signer des billets, etc.

Cette influence est généralement appelée magnétisme personnel et ordinairement classée à part du contrôle hypnotique direct. C'est réellement la seule phase dangereuse de l'hypnotisme. Par cette influence, des personnes peuvent être souvent induites à signer des billets qu'elles ne devraient point signer, à acheter des marchandises dont elles n'ont pas besoin, à consentir à des prêts sans valeur, à se porter caution pour d'autres et se voir enlever jusqu'à leur dernier centin, et à faire des centaines de choses qu'un jour et fréquemment une heure après, elles constatent qu'elles n'auraient pas dû faire. Dès qu'elles ne sont plus en présence de l'opérateur et qu'elles ont une occasion de raisonner et de réfléchir elles voient leur folie, mais trop tard. L'hypnotisme a inconsciemment fait son œuvre et souvent tout leur avoir est perdu.

Connaissez vous-même le secret.

Vous pouvez prendre la résolution de n'être jamais plus ainsi influencé, mais vous feriez aussi bien de prendre la résolution de combattre les éléments ou d'arrêter les planètes dans leur orbite. A moins que vous ne connaissiez le secret, et la science par laquelle vous pouvez vous protéger et influencer les autres, ce n'est qu'une question de temps et de nouveau un individu quelconque vous dominera par ce pouvoir subtil et cela, au moment où vous vous y attendrez le moins. Et de nouveau vous retomberez dans la réalité quand il sera trop tard. Vous n'êtes point à l'abri de cette influence pour la simple raison que vous avez une forte volonté. Aucun homme n'est plus facile à influencer que celui qui croit en sa grande force de volonté et qui s'imagine qu'elle lui procure l'immunité. Dans sa sécurité imaginaire il néglige de se préparer contre les attaques et il devient une proie facile pour l'homme qui même avec une moindre puissance de volonté et une moindre intelligence, sait faire agir cette force merveilleuse invisible sur l'esprit de ceux qu'il désire influencer.

La clef du succès dans la vie.

L'usage inconscient de l'influence hypnotique, ou du magnétisme personnel, est incontestablement la clef enchantée qui ouvre les voies de la santé, du bonheur et de l'influence. Nous n'entendons pas dire que ce soit la seule qualification dont on ait besoin pour obtenir le plus grand succès dans la vie—loin de là—mais nous voulons dire que ce que vous savez et que les occasions que vous pouvez avoir importent peu ; à moins que vous ne compreniez la philosophie de l'influence sur les autres, vous occuperez toujours une position subordonnée dans la vie, beaucoup au-dessous de celle à laquelle vous donneraient droit vos autres qualifications.

Toute personne comprenant le magnétisme personnel réussira comme vendeur. Elle vendra là où d'autres n'auront même pu obtenir une audience.

A vous de décider.

Aucun homme ne peut tirer tout l'avantage de ses talents s'il n'a cette connaissance. Quelques-uns l'acquièrent au cours des années, sans savoir comment, et s'élèvent très haut. La majorité des hommes ne l'acquerra jamais à moins que quelqu'un ne la lui enseigne. Sans la connaissance de cette science, la majorité des hommes est vouée comme elle l'a toujours été, aux désillusions et à la pauvreté, pendant que les positions fortunées et de confiance seront le privilège du petit nombre. C'est à vous de décider si vous acquerrez la clef du succès et si vous vous élèverez à une grande éminence et à une grande puissance, ou si vous végèterez parmi les foules et mourrez dans la pauvreté, sans honneurs et inconnu.

La fortune ne s'acquiert pas uniquement par un rude labeur.

Il y a beaucoup de personnes intelligentes et industrieuses qui travaillent avec ardeur depuis le matin à bonne heure jusque tard le soir, qui dépense toute leur énergie même aux dépens de leur santé, dans une tentative vaine pour obtenir une modeste aisance, afin de satisfaire aux exigences de la vie. Cependant, en dépit des plus énergiques efforts, après des années d'un labeur sans répit, elles se trouvent, au soir de la vie dans la pauvreté, et ayant vu les brillantes espérances de la jeunesse se changer en désillusions dans la vieillesse. Ces personnes ont, en apparence, profité de toutes les occasions, l'on ne peut attribuer aucune faute particulière à leur jugement droit, mais la malechance semble les avoir rencontré à tous les tournants, et l'histoire de leur vie est une série constante de revers.

Pourquoi ceci ? Certainement la fortune n'est pas meilleure pour l'un que pour l'autre. Non, ce n'est point ceci. Voici le secret,—le plus grand des éléments constitutifs du succès leur a manqué—l'habileté d'influencer les autres leur a fait défaut. Elles ne savaient pas comment appliquer cette force des plus puissantes pour dominer l'intelligence humaine—l'hypnotisme. Eussent-elles possédé cette connaissance, elles auraient réussi. Elles auraient occupé une position marquante parmi leurs concitoyens, on les auraient recherchées pour présider des réunions, elles auraient pu être directeurs ou présidents de banques, gérants de grandes corporations, ou auraient pu occuper d'autres positions qui leur auraient procuré influence, bonheur et santé.

Ce qui donne la fortune.

Il a été dit que tout homme est l'auteur de sa propre fortune. Cela est vrai. Mais rappelez-vous bien que ce n'est pas la seule capacité de travailler qui procure la fortune. Il y a un facteur plus puissant que celui-ci ; à savoir, l'influence. Plus d'un homme obtient

Les hommes qui dirigent les affaires sont des hommes qui comprennent le magnétisme personnel.

une promotion dans de grandes corporations, non parce qu'il est mieux qualifié que ceux qui l'entourent, mais parce qu'il a "l'influence." Apprenez la manière d'influencer les autres et vous aurez toute l'influence dont vous aurez besoin. Vous ne manquerez jamais de position. Ceux que la mauvaise chance poursuit, ceux qui n'obtiennent point d'avancement ou le salaire auquel leur donnent droit leurs talents, tous ceux qui désirent réussir dans la vie devraient se rendre maître de l'hypnotisme, ou du magnétisme personnel. Alors les succès dans les affaires et dans la société, la fortune et le bonheur seront leur lot. Vous pouvez vous élever très haut et vivre dans l'abondance si vous voulez vous donner la peine de vous rendre maître et faire usage des forces invisibles qui vous entourent.

Pour l'avantage de ceux qui peuvent être quelque peu sceptiques concernant l'influence du magnétisme personnel, nous désirons poser les questions décisives suivantes :

Arguments irréfutables concernant l'usage inconscient de l'Hypnotisme

1. Une personne n'en influence-t-elle pas une autre ?

2. Est-ce que certaines personnes n'influencent pas plus que d'autres ?

3. N'avez-vous point rencontré certaines personnes que vous pouviez influencer plus facilement que d'autres ?

4. S'il existe une chose telle que celle d'une personne en influençant une autre par la parole, par le geste, ou par les yeux, n'est-il pas parfaitement raisonnable qu'un homme qui a fait des études longues et spéciales des meilleures méthodes d'influencer les personnes, devrait en connaître plus à ce propos que quelqu'un qui ne les a jamais étudiées ? En d'autres termes, s'il existe une chose telle que l'influence personnelle, n'est-il pas présumable que l'homme qui s'en sert d'après un plan et un système définis en obtiendra plus que celui qui s'en sert pour ainsi dire au hasard ? Vous ne pouvez nier que quelques personnes exercent une influence sur d'autres. Vous ne pouvez nier non plus les avantages d'une méthode systématique sur une méthode qui a pour base l'insouciance.

Paroles du Prof. Nathan Sheppard.

Le Prof. Sheppard, dans ses conférences devant les Universités de St. Andrew et Aberdeen, Grande-Bretagne, dit : " Tout ce pouvoir mesmérique (hypnotique) sur lequel nous avons lu tant de choses, agit du côté physique de notre nature, et quelles que puissent être nos notions superstitieuses, ou ses solutions scientifiques, il existe, le plus puissant élément constitutif de l'éloquence publique ou oratoire, ou pour la conquête des hommes, ou la conquête des âmes, et en descendant ainsi jusqu'à ce qui est nécessaire pour la réussite de l'élection d'un constable de village.

G. W. Calvert, de Providence, Mo., dit : " Merci pour l'intérêt que vous avez mis à m'instruire. J'ai guéri une vieille dame qui souffrait de Rhumatisme dans une épaule et un bras. Après le premier traitement elle put lever son bras au-dessus de sa tête. Je lui donnai trois traitements et elle déclare qu'elle se sent très bien. Je suis très satisfait de votre cours.

En face d'une autorité aussi éminente que celle ci-dessus (la meilleure au monde) vous ne pouvez certainement douter de la grande valeur de cette merveilleuse science.

Orateurs publics. Les meilleurs orateurs publics étudient maintenant les lois de l'hypnotisme, de même qu'ils étudient la logique et l'usage des mots. Un homme qui n'est point familiarisé avec cette science est absolument à la merci de son adversaire mieux qualifié, dans un débat ou une discussion quelconque. Beaucoup d'hommes qui ne sont point exceptionnellement brillants semblent avoir un pouvoir merveilleux sur les auditoires et les jurys. Les gens s'émerveillent de ce spectacle et ne peuvent le comprendre. Toute l'explication se trouve dans ce mot, "hypnotisme." Ceci est la clef de toute influence secrète. S'étant rendu ce grand sujet familier, un homme très peu doué réussira où un homme ayant de hautes capacités échouera misérablement s'il ne le possède point.

Le secret de la puissance. L'hypnotisme représente la loi et le système par lequel toute influence personnelle est et peut être exercée. Le comprenez-vous parfaitement et l'appliquez-vous systématiquement et avec succès, ou essayez-vous d'utiliser un agent que vous ne connaissez pas bien, faisant conséquemment plus de choses erronées que justes? Quand vous approchez d'une personne pour lui parler, avez-vous une méthode d'action bien définie et systématique, ou procédez-vous sans savoir comment commencer ni où vous finirez?

Si vous n'avez pas une connaissance parfaite de la science d'influencer les autres, comment vous attendez-vous à concourir avec ceux qui ont cette connaissance?

Ce qu'il faut faire. La philosophie de l'influence sur les autres est une étude — une science dépendant de certaines lois établies. Il y a une première et une seconde chose à faire, etc., etc., de même qu'en cherchant la solution d'un problème arithmétique. Connaissez-vous ces choses? Si non, comment espérez-vous faire des transactions avec les gens à votre plus grand avantage? Il vaut tout aussi bien pour vous d'essayer d'arpenter un lot de terre sans avoir étudié l'arpentage, ou de résoudre un problème d'intérêt sans avoir étudié l'arithmétique. "Une allusion indirecte est suffisante pour le sage."

J. L. Crain, un avoué éminent de Huntsville, Ark., dit : "J'ai demandé votre cours d'hypnotisme dans l'espérance que je pourrais parvenir à guérir mon épouse d'une paralysie des oreilles. Depuis dix-sept ans elle n'avait entendu ni les plus violents coups de tonnerre, ni les cris les plus aigus. Après dix jours de traitement, elle pût entendre le bruit de la pluie fouettant le toit, et maintenant elle peut entendre comme toute autre personne.

Sujets hypnotisés au moyen du miroir tournant de Sage.

 # QU'EST-CE QUE L'HYPNOTISME ? 

A YANT considéré le magnétisme personnel directement appliqué à l'individu et ses succès lorsqu'il exerce son influence sur les autres hommes alors qu'ils sont inconscients de son action, il est à propos de s'enquérir des mystères de la grande science générale de l'hypnotisme, dont le magnétisme personnel n'est qu'une manifestation spéciale.

L'hypnotisme est une des forces mystérieuses et subtiles de la nature qu'il est plus facile de décrire avec exactitude que de définir. Elle est mieux connue par ses résultats merveilleux. Il est de peu d'importance que nous le considérions comme l'effet d'une force puissante et invisible, qui se transmet de l'opérateur au sujet ; que sa cause puisse être attribuée à la localisation de quelques-uns des éléments de l'impondérable éther ; que dans le langage de l'éminent physiologiste, Brown Sequard, " Ce soit la somme des actes dynamo-génétiques et prohibés, ou que soit un harmonieux mélange de la suggestion avec quelques-unes des forces toutes-puissantes et intangibles de la nature, nous savons qu'il existe. L'expérience nous a laissé voir ses usages et entrevoir ses possibilités. Les forces les plus puissantes de la nature sont les forces invisibles. Il semble déraisonnable que le petit fil électrique puisse conduire une force si terrible qu'elle puisse détruire instantanément la vie de l'animal ou de l'homme le plus fort. Nous ne pouvons concevoir comment nous pouvons envoyer un message télégraphique à 25,000 milles en un clin-d'œil, mais, cependant nous savons que cela est possible.

Il en est ainsi de la force mystérieuse que, faute d'un meilleur nom, nous appelons " Hypnotisme." Quoiqu'elle soit indéfinissable et intangible pour nous, cependant, avec le merveilleux assemblage de faits et de phénomènes que nous avons devant nous, il faudrait une présomption des plus arrogantes de la part de qui que ce soit de nier son existence ou sa formidable puissance. Les faits merveilleux accomplis par les magiciens des temps passés étaient incontestablement dûs à la faible connaissance qu'ils possédaient de cette force merveilleuse.

Différentes théories.

Forces invisibles.

G. W. Thompson, un dentiste éminent, de Collinsville, Ill., dit :
" Depuis que je suis votre cours j'ai donné plusieurs représentations dans mon salon avec un remarquable succès. Ce fut fait après avoir lu votre cours qu'une fois. J'ai suivi trois autres cours, et après avoir lu le votre entièrement une fois, j'y trouval plus d'informations claires et spécifiques que dans tous les autres combinés."

Nous voyons son pouvoir au moyen-âge dans les mains de l'éminent théologien, Gassner, quand il expulsa les prétendus démons d'une jeune fille que l'on avait amenée devant lui et qu'il la fit se lever et marcher quand tous croyaient qu'elle était absolument incurable et que sa mort n'était qu'une question de quelques instants.

Mesmer et l'Académie Française.

Nous le voyons entre les mains de Mesmer en 1779, quand il émerveilla l'Académie Française par son merveilleux phénomène et souleva tout Paris. Quand les infirmes étaient guéris, et les malades ramenés à la santé d'une manière si miraculeuse que même les plus éclairés et les plus instruits en étaient confondus.

Alors, on connaissait très peu de choses à ce propos, comparé à ce qui est connu aujourd'hui. Sous l'investigation lumineuse de la science moderne, des découvertes merveilleuses et étonnantes ont été faites, concernant ses usages et ses possibilités presqu'illimités. Ces découvertes en font le plus grand triomphe des œuvres de l'intelligence et marquent une ère nouvelle dans l'histoire de la science. Car qu'est-ce qui peut être plus merveilleux qu'une force qui façonne l'intelligence des hommes, qui maîtrise les facultés intellectuelles d'un être humain et dirige le cours de ses pensées et de ses désirs, et qui altère jusqu'à sa personnalité.

L'hypnotisme peut être divisé en différents états, chacun donnant lieu à différentes manifestations. Vous pouvez obtenir l'obéissance à vos commandements de quelqu'un qui est parfaitement conscient, qui sait que vous l'influencez et qui réalise tout ce qui se passe de même que ce qu'il fait, mais qui, cependant, ne peut résister à vos suggestions.

Différents états.

Il y a une autre manifestation ou état dans lequel le sujet devient inconscient, obéit à vos commandements et lorsqu'il reprend conscience ne se rappelle rien de ce qu'il a fait. Sa mémoire ne conserve aucun souvenir de tout ce qui s'est passé. Dans cet état toutes sortes d'illusions et d'hallucinations peuvent être créées. L'on peut faire pêcher ou nager le sujet sur la terre ferme, combattre des abeilles où il n'en existe pas, chanter, parler ou danser ou faire toute autre chose ridicule que l'opérateur peut suggérer.

Suggestion post-hypnotique.

Vous pouvez commander au sujet de faire une chose dans un mois ou un an à venir ; quand il sera éveillé il ne se rappellera point ce qui lui a été dit, mais quand le temps viendra il exécutera votre commandement, faisant exactement ce que vous lui avez dit de faire et il

Ce jeune homme a été hypnotisé pour le guérir de l'habitude de
fumer. L'illustration du bas de la page le représente
refusant d'accepter un cigare.

ne suspectera jamais que vous, ou qui que ce soit, lui avez fait une suggestion, mais il croira fermement que c'est sa propre idée, et qu'il ne fait cette action que parce qu'il veut qu'il en soit ainsi. Les suggestions de ce genre sont appelées post-hypnotiques, et quand elles sont faites elles devraient être d'un caractère tel que le sujet n'en éprouve pas de désagréments.

Certain dans ses effets. Les suggestions post-hypnotiques peuvent être employées pour inspirer aux personnes l'amour de l'étude ou du travail, pour corriger les mauvaises dispositions chez les enfants, pour retenir quelqu'un dans sa famille, pour dissiper la mélancolie, pour permettre à quelqu'un d'obtenir le contrôle qui lui appartient légitimement, pour guérir l'ivrognerie, la morphinomanie, pour ramener l'affection à ceux qui en sont privés, pour rendre généreux celui qui est mesquin par nature, et de centaines d'autres manières différentes. Il est absolument certain dans ses effets. Quand on le fait agir dans des conditions appropriées, jamais un sujet n'a manqué d'obéir à la suggestion. Quand le sujet obéit à ces suggestions post-hypnotiques il est parfaitement éveillé et dans son état naturel, et pour ceux qui l'entourent, il semble agir simplement d'après ses propres impulsions. C'est une des phases les plus merveilleuses, les plus étonnantes et les plus mystérieuses de l'hypnotisme.

qu'il offre une résistance des plus formidables à la maladie en général.

Mais le véritable *modus operandi* de la guérison est de peu de conséquence. Le point important pour un malade, c'est de recouvrer la santé et les moyens lui importent peu, non plus qu'il ne se soucie de comprendre les moyens employés, du moment qu'il est guéri. Que le traitement hypnotique guérira est chose incontestable. Des centaines et des milliers de personnes intelligentes et honnêtes témoignent de son efficacité absolue, et tous les ans des centaines de personnes condamnées à mourir par les médecins (déclarées absolument incurables) sont ramenées à la santé par l'application d'une des formes quelconque du traitement hypnotique. Il ne se passe point une année que nous-mêmes nous ne ramenions à une santé parfaite des milliers de ces infortunés.

Des milliers de personnes ramenées à la santé.

L'hypnotisme est une des lois bienfaisantes que le Créateur nous a données pour notre usage. Il est considéré aujourd'hui comme le plus précieux agent thérapeutique ou curatif qui ait jamais été découvert. Celui qui persiste à le considérer avec dédain et ridicule, et refuse orgueilleusement d'employer les moyens innocents que le divin Créateur a jugé à propos de nous donner pour l'expulsion de la maladie, ne mérite pas d'être guéri. Quoique l'homme ait acquis de grandes connaissances, il n'a cependant point encore atteint la sagesse de la nature, et celui qui viole les lois de la nature, et se refuse obstinément à employer les méthodes appropriées pour recouvrer la santé, peut s'attendre à tomber prématurément dans la tombe.

Comment sont guéries les maladies.

Beaucoup de nos étudiants réalisent de 50 frs. à 150 frs. par jour grâce à leur connaissance de la thérapeutique suggestive et du traitement magnétique et guérissent des centaines de personnes qui avaient été abandonnées, comme étant incurables.

Si vous, ou quelqu'un de vos amis souffrez d'une maladie chronique quelconque, écrivez-nous et nous pourrons probablement vous traiter ou vous renvoyer à quelqu'un qui peut vous guérir. Ne vous considérez point incurable simplement parce que les remèdes ont été inefficaces dans votre cas. Votre maladie peut ne pas céder à un traitement médical, tandis que la suggestion ou ce que l'on appelle ordinairement magnétisme animal vous guérirait immédiatement. Une bonne santé vaut plus que la fortune, et la connaissance de l'hypnotisme est la plus précieuse information que vous puissiez posséder pour la préservation de votre santé. Plusieurs personnes,

Maladies chroniques guéries.

A. J. McGinnis, d'Allegheny, Pa., "South Side Tobacco and News Co.," 60 rue Ohio, écrit : "Votre cours m'a été très utile en affaires. J'apporte une attention particulière à l'emploi du magnétisme personnel. La preuve de ceci : je travaillais à la journée pour Hartszog & Co., South Ave., Allegheny, avant d'avoir suivi votre cours; maintenant je conduis une entreprise commerciale pour M. J. K. Davis.

Le jeune homme représenté sur cette gravure vient d'être hypnotisé et
il lui a été suggéré d'abandonner l'usage des cigarettes. La
simple vue d'une de ces cigarettes le rend
maintenant très malade.

ayant été invalides pendant des années ont appris la science merveilleuse du traitement mental et se sont guéries elles-mêmes. L'hypnotisme non-seulement vous enseigne comment vous guérir, mais il vous enseigne comment conserver votre santé.

Il ne faut cependant pas croire que nous considérons la médecine comme étant sans valeur, car elle en possède incontestablement dans le traitement de plusieurs maladies, mais dans d'autres cas elle est plus préjudiciable qu'inutile. Le traitement par la thérapeutique suggestive n'est jamais préjudiciable à personne. Il est toujours bienfaisant et dans des centaines de cas il opère des guérisons miraculeuses ou la médecine avait absolument échoué.

Comme remède pour l'habitude des liqueurs, de la cigarette et la morphinomanie, l'hypnotisme est sans égal. Nous avons, grâce à cet agent subtil, sauvé d'une mort prématurée plus d'un ivrogne souffrant du *délirium tremens*. Nous avons réveillé l'intelligence et redonné une santé parfaite à plus de cent personnes dont l'esprit s'affaiblissait sous les effets pernicieux de cette drogue insidieuse, la morphine, et c'est par centaines que se comptent les mères et les familles que nous avons rendues heureuses en guérissant les enfants qui étaient adonnés à l'usage trop fréquent des cigarettes, qui détruisait leur énergie et leur intelligence. L'hypnotisme seul guérit radicalement ces habitudes.

Guérit l'habitude des Liqueurs, de la Cigarette et la Morphinomanie.

Le médecin qui ne sait profiter de cet agent thérapeutique, le plus précieux de tous, souffrira toujours de cette angoisse mentale de voir plusieurs de ses patients, auxquels il n'avait pu faire absolument aucun bien, guéris par ce qu'il appelle le charlatanisme. Les plus éminents médecins, par tout le pays, commencent à réaliser ce fait et se consacrent à l'étude de

Précieux pour les médecins.

M. LE DOCTEUR LIEBEAULT.

l'hypnotisme, de sorte qu'avant longtemps le médecin qui ne comprend pas ce sujet sera considéré comme un "arriéré" et sera placé dans la catégorie de ceux qui ont jusqu'à présent refusé de reconnaître les avantages de la chirurgie antiseptique.

Les médecins suivants sont quelques-uns des plus éminents et des plus connus qui font usage de l'hypnotisme dans leur pratique :

Prof. Horatio C. Wood, M.D., LL.D., "University of Pennsylvania," Philadelphie, Pa., E.U.A.

Dr. S. Weir Mitchell, médecin et auteur distingué, Philadelphie, E.U.A.

Dr. Ayers, professeur de maladies nerveuses, "Western University of Pennsylvania," Pittsburg, Pa., E.U.A.

Dr. Cooke, médecin distingué, Boston, Mass., E.U.A.

Professeur F. H. Gerrish, M.D., Bowdoin College, Département médical, Portland, Me., E.U.A.

Professeur Wm. James, M.D., Ph. D., Université Harvard, Cambridge, Mass., E.U.A.

Dr. Fillebrown, Université Harvard, Cambridge, Mass., E.U.A.

Dr. Carleton Simon, spécialiste, New York, E.U.A.

Dr. H. S. Drayton, Bellevue Hospital, New York, E.U.A.

Dr. C. A. Herter, spécialiste, New York, E.U.A.

Dr. Milne Bramwell, spécialiste, Londres, Angleterre.

Dr. H. Bernheim, Université de France.

Quand l'hypnotisme est employé par des hommes aussi éminents que ceux nommés ci-dessus vous ne pouvez certainement plus douter de sa valeur thérapeutique, et il conviendrait à tous ceux qui désirent aider à l'humanité affligée, d'en acquérir la connaissance.

Médecins distingués qui se servent de l'Hypnotisme.

 **PERSONNAGES EMINENTS—CAS AUTHENTIQUES** 

UN GRADUÉ DE YALE SE SERVANT DE L'HYPNOTISME

LE RÉV. GEORGE B. CUTTEN TRAITE AVEC SUCCÈS DES ALCOOLIQUES—POUVOIR D'UN PASTEUR BAPTISTE—PLACE UN JEUNE HOMME SOUS SON INFLUENCE ET LE GUÉRIT DU GOUT QU'IL AVAIT POUR LES CIGARETTES—GUÉRIT AUSSI LA NÉVRALGIE.

NEW HAVEN, CONN., (É.U.A.)—Des expériences d'hypnotisme sont faites plusieurs fois par semaine, par un jeune clergyman, dans le laboratoire de psychologie de l'Université de Yale pour guérir les victimes de l'alcool et des cigarettes.

Les personnes qui sont passées près du bâtiment triste et quelque peu délabré, près de l'école de théologie de Yale, dans la rue Elm, vers dix heures du matin, trois ou quatre fois par semaine pendant les vacances de l'été, se sont demandées avec étonnement pourquoi l'on voyait tant d'hommes épuisés y entrer. Ces hommes venaient pour voir le Rev. George B. Cutten, faisant partie de l'équipe de football de '96, qui fut gradué du département académique dans la classe de 1897.

M. Cutten consacra les trois années qui suivirent l'obtention de ses degrés à une étude spéciale de la psychologie scientifique et expérimentale. La pratique de l'hypnotisme et de l'influence magnétique prenant la plus grande partie du temps qu'il ne consacrait pas à prêcher ou à faire des visites pastorales. M. Cutten est un rude travailleur et un véritable ami du pauvre. Son église, la "Hope Baptist Congregation," a merveilleusement prospéré depuis qu'elle lui a été confiée.

La théologie de M. Cutten est pratique. Il visita les cours de police et les institutions de charité. Ce qu'il y vit le conduisit à penser à l'influence de la science comme une aide à la religion pour faire disparaître le péché, et il commença ses expériences sur un jeune garçon adonné à l'usage des cigarettes à un tel degré qu'il en souffrait moralement et physiquement.

Il amena l'enfant du "Calvary Baptist Home" et commença à faire sur lui des expériences au moyen de l'hypnotisme. Quand il l'eut mis sous son influence, il lui parla des effets terribles de l'habitude qu'il avait contractée et lui dit de s'en débarrasser, et le résultat est que ce garçon ne fume plus de cigarettes maintenant.

Mais c'est aux victimes de l'alcool que s'intéresse le plus M. Cutten. Demain matin à dix heures, trois ou quatre hommes se réuniront dans une salle. Ils semblent distraits. Ils portent sur leur visage les stigmates de l'ivrognerie, mais ils sont devenus meilleurs qu'ils n'étaient il y a trois semaines, et ils espèrent, parce qu'ils ont vu d'autres hommes devenus absolument sobres parce qu'il y a deux mois ils commencèrent à suivre une cure hypnotique.

M. Cutten commence son traitement en appelant chaque homme par son nom, familièrement.

"Tom essayez-vous d'abord. Vous vous endormez, n'est-ce pas ? Oui, vous vous endormez; voyez avec quelle lassitude vos paupières s'abaissent. Maintenant vous êtes tout à fait endormi. Étendez-vous sur le canapé, là," dit le prédicant, et pendant ce temps il fait avec ses mains des mouvements courbes, de haut en bas, jusqu'à ce que le patient soit sous la domination d'une volonté plus forte.

Les autres hommes attendent qu'ils aient tous été mis sous l'influence, à tour de rôle. Ceci fait, le prédicant commence un discours sur les effets destructeurs de l'usage des liqueurs. Répétés chaque jour l'impression produit son effet.

Guérit les victimes de l'alcool.

Une aide à la Religion.

Comment il procède.

Le patient ne peut plus boire de liqueurs enivrantes. Il essaie en ce
moment d'en avaler un peu, mais ayant été hypnotisé, la
vue seule de la liqueur le rend très malade.

M. Cutten a éprouvé l'efficacité de sa puissance hypnotique sous d'autres rapports. Le surintendant Perley C. Butterfield, du "Calvary Baptist Home" était, il y a à peine quelques semaines, une des victimes de la névralgie chronique. Un traitement hypnotique par M. Cutten l'a guéri.

(The Journal, Boston, Mass., E.U.A.)

GUÉRIT LE MAL DE DENTS.

LE DR. FILLEBROWN, DE L'UNIVERSITÉ HARVARD, DIT QUE L'HYPNOTISME EST DEVENU UN DES MEILLEURS REMÈDES.

NEWARK, 16 Avril.—Le Dr. Thomas Fillebrown, professeur de l'art dentaire à l'Université Harvard, s'est déclaré publiquement en faveur de l'emploi de l'hypnotisme au lieu de remède pour prévenir la douleur dans le traitement des dents sensibles.

Il parla à ce sujet devant la "Central Dental Association" de New Jersey, et relata des cas où il avait rempli et extrait des dents, sans douleur, par la suggestion hypnotique du patient.

L'hypnotisme a été longtemps employé secrètement par les plus éminents dentistes, mais ils ont toujours nié publiquement qu'ils s'en servaient.

Le Dr. Fillebrown dit qu'il peut remplir la dent la plus sensible, ou même l'extraire, sans causer beaucoup de douleur, si même il y en a. Il n'a point confiance dans l'hypnotisation complète du sujet. Il dit que ce fût des cures dues à la confiance sous certains rapports. Il a souvent persuadé à un patient d'oublier toutes les phases de l'opération.

"Je ne veux point vous laisser entendre que j'ai hypnotisé les patients" continua-t-il. "Mais je fis ce qui s'en rapprochait le plus. Ils se savaient dans ma chaise, mais ils pensaient à toutes sortes de choses, excepté que j'étais à travailler leurs dents. Cela valait mieux que le gaz ou toute autre remède."

Utilisé pour remplir les dents sensibles.

(Du "St. Louis Republic" Mo., E.U.A.)

SE PLACE SOUS LES SOINS D'UN HYPNOTISEUR.

CORNELIUS VANDERBILT FERA UN LONG VOYAGE EN AFRIQUE.

MARSEILLE, 15 Déc.—M. et Mme. Cornelius Vanderbilt, accompagnés du Dr. Charcot, disciple et fils de l'éminent hypnotiseur et médecin français, sous les soins duquel la santé de M. Vanderbilt s'est merveilleusement améliorée, sont sur le point de partir pour un long voyage en Afrique. Dans des cas tels que celui de M. Vanderbilt, le Dr. Charcot a été des plus heureux.

Il s'est servi de l'hypnotisme comme d'un agent pour calmer le système nerveux excité—afin de permettre ainsi l'action normale des fonctions corporelles.

Au seizième siècle l'on aurait considéré le Dr. Charcot comme un sorcier et il aurait peut-être été brûlé comme tel. Les historiens et les médecins s'accordent à dire que l'hypnotisme pur et simple était ce que pratiquaient ces personnes persécutées. M. Vanderbilt aurait pu payer dûrement l'encouragement donné aux sorciers. Mais en ce dix-neuvième siècle, l'hypnotiseur est le dernier recours du fameux millionnaire dont la santé a été ruinée par les désordres nerveux.

Calme les nerfs excités.

Wm. F. Ball, A. M., M. D., de Darrowville, Ohio, écrit: "J'ai acheté votre cours par correspondance et j'en ai fait une étude spéciale. Les leçons sont claires et si faciles que tous peuvent les comprendre. Il est tout à fait merveilleux de constater ce que peut faire la suggestion hypnotique dans les cas où la médecine a échoué. Je voudrais avec ardeur faire comprendre à la profession les avantages résultant de cette méthode de pratique. Je guéris maintenant des cas où la médecine avait absolument échoué."

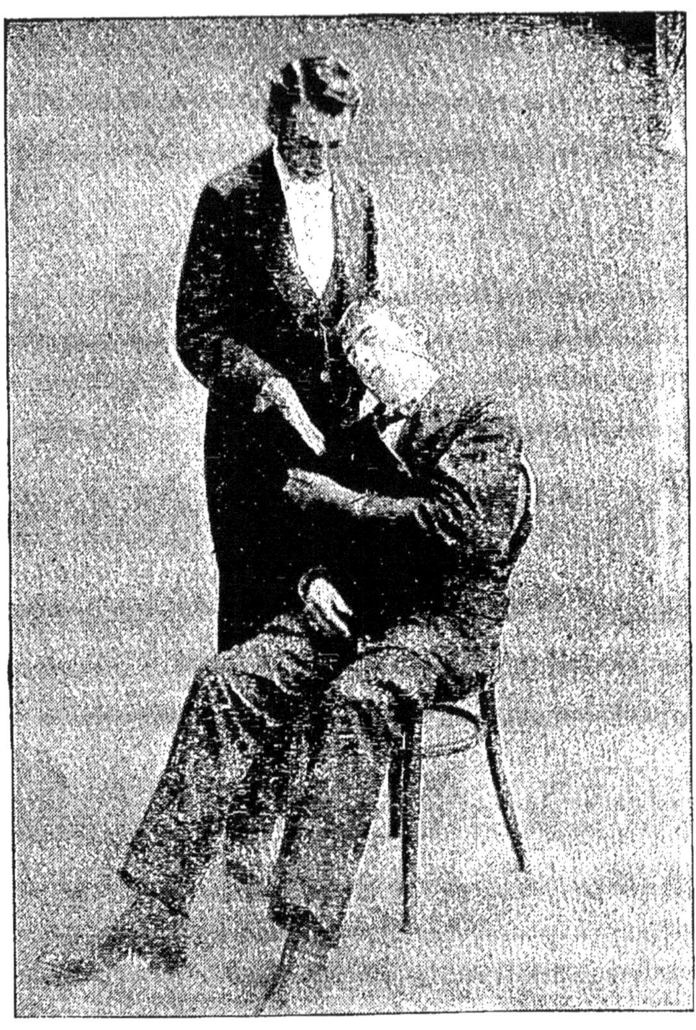

Ce sujet est dans un état complet d'anesthésie, ayant la figure et
le bras transpercés par une épingle à chapeau en acier.
Dans cette condition une opération chirurgicale
peut être faite sans douleur.

(Un article remarquable du " Philadelphia Press,"Philadelphie, Pa., E.U.A.)
Lisez ceci et trouvez le secret du succès.

PUISSANCE ÉTRANGE DE J. C. MONTGOMERY.

QUI EST UN ORIGINAL. IL POUVAIT ALLER AU CONGRÈS. IL PRÉFÉRA RESTER CHEZ LUI ET JOUIR DE LA FORTUNE, TOUT EN GUÉRISSANT, PAR LE MAGNÉTISME, DES CAS DÉSESPÉRÉS.

CHARLESTON, W. VA., E.U.A., 7 Déc.—Les habitants de ce Comté, et de Fayette se demandent avec étonnement, pourquoi J. C. Montgomery, maire de la ville du même nom, située sur le chemin de fer Chesapeake & Ohio, au centre d'une région minière, est l'homme le plus populaire de cette région, et comment il est parvenu à être élu maire de cette ville, à l'expiration de chaque terme, à tel point que personne ne peut se rappeler ne l'avoir point vu à la tête du conseil municipal.

Le Maître Hypnotiseur de Montgomery.

Que Montgomery ait les qualités qui rendent toujours celui qui les possède populaire, cela ne peut être nié. Il est démocrate, et la ville donne une majorité de trois cents républicains, mais cela ne fait aucune différence dans la certitude de l'élection de Montgomery chaque fois qu'un maire doit être choisi. Il a eu toutes les occasions d'aller au Congrès et à la Législature, mais il les a toutes refusées, préférant les modestes honneurs qu'il reçoit de ses propres concitoyens. Il possède une demi-douzaine de fermes, des immeubles, une cinquantaines de maisons et des propriétés de toutes sortes.

Il ne s'est jamais affirmé l'ami des mineurs, mais il a plus d'influence sur eux que quiconque sur terre, l'an dernier, il dispersa une émeute qu'une armée n'aurait pas ébranlée.

Quoique les qualités ci-dessus soient de bonnes raisons de popularité, la véritable cause de son influence sur ses concitoyens commence à apparaître. Montgomery est hypnotiseur. Il y a à peu près un an, il fut intéressé par un cas particulier de cécité, celui d'un pauvre mineur qui avait perdu la vue dans les mines, en raison, disait le médecin, de dégénérescence des nerfs optiques, résultant d'un travail constant dans l'obscurité. Montgomery résolut d'agir hypnotiquement sur cet homme. Il se convainquit que si sa puissance de volonté et celle du patient pouvaient être suffisamment dominées il parviendrait à lui faire recouvrer la vue. Montgomery se rendit tous les jours à la maison du mineur et expliqua sa théorie et se servit de l'hypnotisme sur son patient, jusqu'à ce qu'il eut partiellement recouvré la vue. Il continua à le traiter pendant un mois entier jusqu'à ce qu'il fusse capable de retourner au travail, et maintenant il voit très bien à l'aide d'une paire de lunettes.

Il est hypnotiseur.

Le juge Brazie, de la Cour de Fayette, fut la seconde personne guérie par ce guérisseur. Après les émeutes de l'an dernier, chez les mineurs, il était devenu complètement épuisé et obligé par suite de prostration nerveuse. Il fut soigné par d'éminents médecins, mais en obtint peu de soulagement, et un voyage qu'il entreprit pour sa santé et pour se reposer ne produisit aucun résultat favorable. M. Montgomery, son ami intime, alla un jour voir Brazie, et lui dit qu'il se croyait en état de lui faire du bien. Il tint la tête de Brazie entre ses mains pendant une demie-heure, la frappant légèrement et le frottant sur le cou. Le lendemain Brazie constata une telle amélioration dans son état qu'il donna avis au juge en charge temporaire de sa Cour, qu'il retournerait à son poste le lundi suivant, ce qu'il fit. Depuis lors il a joui d'une santé parfaite.

Opéra la guérison du Juge Brazie.

Quelques jours après, la mère de Mlle Mamie Brown, voisine de Montgomery, le pria de vouloir bien faire quelque chose pour sa fille qui, depuis dix-sept ans, était sujette à des crises épileptiques très fréquentes. La jeune fille était incapable de sortir et Montgomery alla la voir. Elle subissait une crise lorsqu'il arriva. En lui frappant la tête et la figure il la ramena à son état normal. Il s'y rendit tous les jours, pendant une semaine, et au bout de ce temps, sans le secours d'aucun remède, si ce n'est le magnétisme, Mademoiselle Brown avait recouvré la santé, et aujourd'hui c'est une jeune fille énergique et gaie, ayant retrouvé toute la force et **la vivacité de la jeunesse,**

Il guérit les crises épileptiques.

Ferdinand Heintz, 2121 Ash Lane, Erie City, Pa., dit : " Je souffrais de maux compliqués depuis des années. Je dépensai beaucoup pour les soins des médecins et je n'obtins aucun soulagement. Vos instructions sur l'auto-suggestion m'ont fait plus de bien que toute autre chose. J'ai remporté de grand succès en soignant les autres. J'ai trouvé votre cours très clair et complet sous tous rapports."

**Rhuma-
tisme guéri.**

De temps à autre, des malades souffrant de rhumatisme et autres maladies communes vinrent pour être guéries et dans presque tous les cas Montgomery fut heureux. Il n'affichait aucune prétention et ne promettait à personne de faire plus que d'essayer sa puissance. De quelques-uns d'entre eux, en état de payer, qui lui offrirent de l'argent, il l'accepta, mais il ne faisait point commerce de ses soins, et demandait que l'on parla le moins possible de ce qu'il faisait, car les personnes qui venaient le voir lui faisaient perdre du temps. Cependant, sa renommée se répandit au loin, et les lettres lui arrivèrent par centaines. De toutes les parties du pays, les gens avaient recours à lui. Quelques-uns lui demandaient des objets bénis par lui et toutes sortes de questions lui furent posées. Il ne put répondre à ces lettres, mais il traita tous ceux qui vinrent le voir du mieux qu'il put remportant des succès dans la plupart des cas, et se servant toujours des mêmes méthodes.

**Une expé-
rience
publique.**

A différents intervalles, les journaux locaux avaient fait mention de ce qu'il faisait et cela avait soulevé un intérêt considérable parmi les gens sérieux. A la demande de plusieurs hommes éminents et de deux ou trois journalistes, il consentit à donner un exemple de sa puissance, pourvu que les spectateurs voulussent fournir le patient. L'éditeur du "Evening Mail" suggéra de lui présenter John C. Herrmann, qui a été presque continuellement alité depuis deux ans, par suite de rhumatisme. Le groupe d'expérimentateurs se rendit à la maison de Herrmann, sans l'avertir qu'ils s'y rendaient. Herrmann fut trouvé sur son lit, gémissant sous la torture et presque plié en deux. Montgomery qui n'avait jamais rencontré le patient, s'approcha du lit, rejeta les couvertures, mit à nu les membres de Hermann et commença à les frictionner. Hermann et son épouse ne savaient que penser de ce qui arrivait, mais ils ne s'y opposèrent point lorsque les personnes présentes leur eurent dit que tout ce qui se faisait était pour le mieux. Après dix minutes, Montgomery dit à Hermann de se lever. Herrmann se mit à rire avec incrédulité, mais ne fit aucun effort pour remuer. Montgomery insista et Herrmann se leva sans difficulté, et se tint debout tout abasourdi. Montgomery lui dit alors de danser. En un instant l'invalide comprit qu'il n'était point l'objet d'une plaisanterie et il commença à danser autour de la chambre, extasié. Il put courir et sauter comme un enfant, et si heureux qu'il ne put maîtriser son désir de se servir de ses jambes et de ses bras, criant et riant, ne se possédant pas de joie. Au bout de trois jours Herrmann se rendit au travail et depuis il n'a ressenti ni douleur ni raideur. L'ex-gouverneur E. W. Kilson était un de ceux qui formaient le groupe témoin de cette guérison.

SUJETS ENDORMIS PAR UNE SUGGESTION SUR UN FIL DE 119.8 MILLES DE LONGUEUR.

**Hypnotisme
par fils.**

DENVER, COLO., E.U.A., 14 avril.—La grande expérience psychique d'hypnotisation par téléphone à longue distance et par message télégraphique entre Denver et Pueblo a été faite avec succès dans le bureau du "Times," de Denver, mis en communication avec le bureau du "Star," de Pueblo, la nuit dernière.

La distance est de 119.8 milles. L'expérience faite pour cette distance est la plus grande qui ait jamais été tentée, et les opérateurs, le Dr. J. Edward Hills, de Denver, et le Prof. F. H. Stouffer, de Pueblo, peuvent se féliciter du succès complet qu'ils ont remporté.

Les épreuves furent déclarées absolument correctes par les médecins qui y assistaient. Elles furent, en vérité, entourées de tant de précautions qu'il aurait été impossible de pratiquer la fraude, même si l'on eut jamais pensé à une telle chose. Pendant tout le temps que les hypnotiseurs se servait du téléphone à longue distance, les fils télégraphiques directs étaient en opération dans le même appartement, disant aux spectateurs ce qui se faisait par téléphone, entre les deux villes.

Quand les hypnotiseurs se servaient des fils télégraphiques, les spectateurs avaient à leur disposition, pour surveiller ce qui se faisait dans les deux bureaux, le téléphone à longue distance.

NOTE.—Cet article comprenait une page entière. Le Prof. Stouffer est un élève de notre cours par correspondance.

R. W. Kimball, de Red Creek, N.Y., dit: "Avec vos méthodes de traitement je n'ai jamais échoué dans la guérison des cas de névralgie et mal de tête. Je n'avais étudié que la moitié de votre cours, lorsqu'un de mes voisins tomba malade, souffrant d'une grave douleur au côté. Les médecins déclarèrent que c'était la maladie du foie, et ils furent incapables d'enrayer la douleur. Je le soignai pendant trois jours et je le mis en état de retourner à son travail."

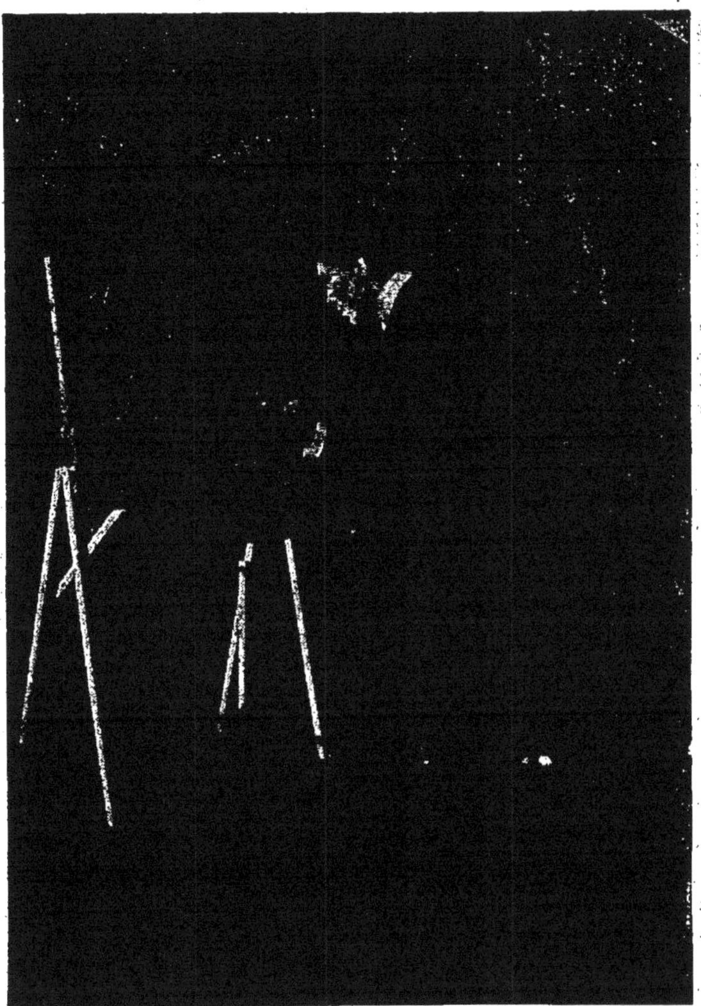

Ce jeune homme additionne maintenant des chiffres au taux de
150 par minute, tandis qu'il y a à peine quelque temps, il
n'en pouvait additionner que 75 par minute. Ce
résultat a été obtenu par la suggestion
hypnotique ; cette vignette le
montre opérant sous l'in-
fluence hypnotique.

 ## USAGES DE L'HYPNOTISME 

ON utilité pour obtenir le contrôle sur les enfants et les corriger de leurs tendances vers le mal n'est pas moins puissante que son utilité en médecine. Ici, il répond à un besoin que rien autre chose ne pourrait satisfaire. Les enfants ayant un mauvais caractère peuvent être facilement transformés en enfants dociles. Les enfants paresseux deviennent anxieux de travailler. Les épouses peuvent influencer leurs maris, et ceux-ci influencer leurs épouses, faisant ainsi disparaître tous les froissements domestiques et rendant la vie pleine de contentement et de bonheur. Pour les hommes nerveux, surmenés, ou les femmes souffrant de maladies qui les rendent acerbes et irritables, rien n'est d'une action plus rapide et plus complètement efficace que l'hypnotisme.

Ici, son usage semble véritablement miraculeux, et son effet apparaît plutôt comme celui d'une main Divine que d'un agent invisible et subtil que tous peuvent employer, en y consacrant le temps nécessaire pour connaître sa méthode et son usage. C'est l'anesthésique de la nature qui soulage souvent la douleur dans les cas où la morphine et la cocaïne n'ont aucun effet. Il procure un sommeil calme et bienfaisant. L'insomnie disparaît rapidement sous sa magique puissance. Beaucoup de personnes ont considéré l'hypnotisme comme un mythe, mais la période de scepticisme est maintenant passée. Il est reconnu aujourd'hui par les principales universités de notre pays, et sa merveilleuse puissance ne fait plus aucun doute.

L'Hypnotisme développe les facultés mentales.

Dans le développement des facultés mentales, les effets merveilleux de l'hypnotisme ne sont pas moins étonnants que dans le traitement des maladies. Il guérit complètement et radicalement la timidité, le manque de confiance, la nervosité, etc., et donne des manières faciles qui assurent les succès dans la société et commandent le respect et la confiance dans les affaires.

Il guérit la distraction et perfectionne la mémoire en développant merveilleusement la puissance de concentration de la pensée.

En peu de temps des personnes ont été amenées à additionner avec une extrême rapidité, à retenir les dates et les nombres avec une merveilleuse exactitude, et à accomplir beaucoup d'autres opérations intellectuelles étonnantes. Sa puissance dans le développement des facultés pour le dessin et la musique est aussi remarquable. Sa plus grande valeur, cependant, se trouve dans le fait qu'il crée un désir vers le bien, vers ce qui ennoblit, vers ce qui forme le caractère, le corps et l'esprit, et en ce qu'il fait détester ce qui peut nuire à notre bien physique, intellectuel et moral. *Développe la mémoire.*

Plus d'un de ceux qui ont été conduits au tombeau par l'ivrognerie, qui ont pillé les domiciles dans le silence des nuits, qui sont morts de la main du bourreau, ou dont le caractère reste entaché par le fait d'une condamnation infamante, auraient pu être des citoyens respectés et honorés, si seulement, dans leur jeunesse, l'on se fut servi de l'hypnotisme pour détruire leurs prédispositions au mal et pour encourager celles qui étaient bonnes et nobles, car l'enfant qui n'a pas de bonnes qualités est véritablement mauvais. Le mal est que les mauvaises qualités n'ont pas été déracinées, et que l'on a laissé les ronces envahir et détruire ce qu'il y avait de bon. *Prédispose au bien.*

Maintenant, qui est à blâmer? L'enfant, naturellement, quand il est devenu homme, doit répondre de ses propres erreurs, mais ceux qui, jour par jour, ont regardé croître les mauvaises habitudes sans essayer de les déraciner, ne doivent-ils pas être, dans une certaine mesure, tenus responsables par Celui qui jugera justement toutes choses quand le grand jour viendra. Chaque mère devrait connaître cette science merveilleuse, et s'en servir chaque fois que cela est nécessaire pour le bien-être et l'avantage de ses enfants. Chaque père devrait la connaître, et par son application intelligente à toutes les prédispositions au mal, voir à ce qu'aucun de ses enfants ne déshonore jamais son nom. *Les parents devraient la connaître.*

L'Hypnotisme est utile à tous.

Peu importe que nous considérions l'hypnotisme par rapport à sa puissance apparemment miraculeuse sur la maladie, ou simplement comme une source innocente d'amusement, que nous considérions ses merveilleuses propriétés anesthésiques, qui permettent les plus difficiles opérations chirurgicales sans qu'aucune douleur ne soit ressentie, ou le contrôle apparemment impossible que l'on peut exercer sur un autre, nous ne pouvons nous empêcher d'être étonnés et émerveillés, qu'une force apparemment si simple dans sa nature puisse produire

Ces enfants sont sous l'influence hypnotique, l'un pour le guéri-
de l'habitude de critiquer, l'autre, d'une disposition à s'enfuir de la maison.

des résultats si merveilleuxet si prodigieux. Elle a intrigué tous les médecins.

Le grand nombre de guérisons de maladies chroniques opérées dernièrement par son entremise, quand tous les autres remèdes avaient échoué, ont forcé les médecins à la considérer sérieusement. Sa méthode exacte de guérison peut, dans une certaine mesure, défier toute explication ; cependant, le fait qu'elle guérira, et souvent quand rien autre chose ne le pourrait, s'affirme puissamment et est incontestable. Sous sa subtile influence les aveugles ont recouvré la vue, les sourds ont pu entendre, le paralytique marcher, et des centaines d'autres guérisons remarquables ont été également accomplies, souvent en moins de temps qu'il n'en faut pour l'écrire. Il n'y a rien d'étonnant à ce que les gens qui ne la comprennent pas, considèrent le possesseur de cette science mystérieuse comme un faiseur de miracles. *Chirurgiens, Médecins, Savants.*

S'il y a quelqu'un dans votre ville ou aux environs qui souffre de maladies chroniques, quelqu'un ayant de mauvaises habitudes, un enfant ayant de mauvaises dispositions ou un caractère indomptable, ou quelqu'un ayant une mauvaise mémoire, vous pouvez faire servir votre connaissance de l'hypnotisme et non-seulement apporter le bonheur à l'humanité affligée, mais de plus, obtenir une juste rétribution de vos services. *Services que vous pouvez rendre à vos concitoyens.*

Un de nos élèves, après avoir étudié notre cours pendant trois heures, a guéri en quelques minutes, un homme qui avait été paralysé pendant dix ans, et il reçut 625 francs pour ses services. Un autre, après avoir étudié quelques jours seulement, a guéri un jeune homme de morphinomanie et a reçu 125 francs pour ses services. Rien au monde n'est aussi sûr, pour la guérison de toutes les habitudes, que la suggestion hypnotique. Le Dr Sage a jadis guéri annuellement des centaines de personnes de l'habitude des cigarettes, et nombreux sont les bègues à qui il a donné le contrôle de leur parole.

L'étude de l'hypnotisme renferme la loi secrète par laquelle les personnes sont influencées par d'autres dans tous les sentiers de la vie, et le possesseur de cette science a un avantage inestimable sur ceux qui n'ont point étudié cette science merveilleuse. Plusieurs des meilleurs vendeurs, par tout le pays, admettent maintenant qu'ils doivent leurs succès extraordinaires à la connaissance qu'ils ont des lois de l'hypnotisme. *Utile aux Avocats, aux Orateurs, aux Vendeurs.*

Il y a quelques années, un commis d'une grande maison de gros de New York se mit à voyager pour vendre des marchandises, mais il

T. J. Dickerson, M.D., V.D., de Basin, Mont., dit : "J'accuse réception de votre cours ; j'en suis très satisfait. C'est le plus clair et le plus concis que je n'aie jamais vu. Quiconque suit votre cours ne peut manquer de devenir un bon hypnotiseur. Si quelqu'un ne réussit pas avec un cours aussi précis que le vôtre, alors il lui est impossible de réussir par d'autres moyens."

réussit si peu qu'il revint bientôt découragé. Un jour qu'il se plaignait de sa position si malheureuse un ami lui suggéra d'apprendre l'hypnotisme. D'abord il ne se préoccupa guère du conseil, mais à la longue il en devint obsédé, à un tel point qu'il se choisit un instructeur et se consacra tout entier à l'étude de cette science merveilleuse. Un mois après qu'il eut commencé l'étude de l'hypnotisme, il se remit en route. Il était devenu un tout autre homme. Chacun semblait désirer acheter ses marchandises.

L'Hypnotisme fait réaliser 50,000 frs. par an à un vendeur.

Tous avaient pour lui une amitié inaccoutumée et semblaient anxieux de le voir réussir. A partir de ce moment son succès fut assuré, et aujourd'hui c'est un des meilleurs vendeurs des Etats-Unis, et il réalise un salaire de 50,000 frs. par an. Quelles que soient vos connaissances, si vous ne connaissez le secret d'influencer les autres vous ne pouvez espérer réussir parfaitement dans la vie. Nos grands hommes, dans tous les sentiers de la vie savent comment influencer les autres ; c'est là le secret de leur puissance.

DE L'HYPNOTISME COMME AMUSEMENT ET SOURCE DE DIVERTISSEMENT.

JAMAIS rien de ce qui a été inventé n'amusera autant et ne sera aussi mystérieux que les démonstrations qui peuvent être obtenues de l'hypnotisme. C'est une source inépuisable de plaisir, non-seulement pour vous, mais aussi pour votre famille et vos amis. L'hypnotiseur est capable d'amuser et de mystifier, et en raison de son art, il commande partout un respect et une attention immédiate. Pour l'avantage de ceux qui désirent se servir de l'hypnotisme comme moyen d'amusement, nous présentons un plan qui ne saurait manquer de donner satisfaction.

D'abord, obtenez qu'un certain nombre de personnes agissent volontairement comme sujets. Ne commencez pas avec un ou deux, à moins qu'il ne vous soit absolument impossible d'en avoir un plus grand nombre. Si vous avez dix ou douze sujets volontaires, vous pouvez donner une séance beaucoup plus intéressante que vous ne le ferez avec une ou deux personnes.

Comment donner une séance récréative dans un salon.

Après que vous avez trouvé vos sujets, hypnotisez-les de manière à ce qu'ils ne puissent se délier les mains. Permettez-leur de tirer avec énergie pendant quelques secondes, forçant chaque nerf et muscle, démontrant parfaitement à leur propre satisfaction et à la satisfaction des personnes présentes, qu'il leur est impossible de délier leurs mains jusqu'à ce que vous les délivriez de l'influence. Alors, vous pouvez les faire marcher, ayant les jambes roides, et affecter les organes de la parole de manière à ce qu'ils ne puissent prononcer leurs noms. Faites qu'ils essaient énergiquement de parler, l'effet d'ouvrir et de fermer la bouche très rapidement dans un vain effort pour prononcer un son produisant un spectacle des plus amusants.

Ces expériences doivent toutes être faites rapidement, et elles ne manquent jamais d'exciter un rire bruyant et général. Elles inspirent aussi aux personnes présentes la confiance en votre habileté d'hynotiseur, et vous placent dans une position favorable pour tenter des expériences plus sérieuses.

Expérience de force physique.

Choisissez quatre ou cinq de vos meilleurs sujets, hypnotisez-les, donnez-leur des manches de balai, comme manches de ligne, et faites-les pêcher dans un étang imaginaire. Faites-leur mettre des appâts à leurs hameçons et retirer le poisson imaginaire, etc. C'est le bon mo-

Scène de pêche.

F. R. Eichler, Sec. du "Board of Trade de Waltham, Mass., écrit : "J'eus un cas de paralysie la semaine dernière. Après cinq minutes de traitement ma patiente traversa seule un appartement. Son cas était considéré incurable. Elle est heureuse aujourd'hui. J'ai guéri un cas de somnambulisme ; cette patiente ne pouvait dormir plus de trois heures consécutives. Elle était prête de devenir folle. Elle se couche maintenant à 9.30 tous les soirs, et elle s'endort instantanément. Elle dit qu'elle ne s'éveillerait pas, même au bruit d'un eyelaac.

L'hypnotiseur a fait croire à ces jeunes gens qu'ils étaient assaillis par des abeilles, et ils les combattent de toutes leurs forces.

ment de dire à l'un d'eux qu'il tient un poisson si gros qu'il va être entraîné dans la rivière, et laissez-le croire qu'il en est ainsi, après quoi dites-lui qu'il lui faut nager pour en sortir. L'entrain avec lequel les sujets rendent cette scène, et leur profond étonnement lorsqu'ils sont éveillés sont d'un comique irrésistible.

Ensuite, hypnotisez un certain nombre de sujets et suggérez-leur de faire une ascension imaginaire en ballon. Montrez-leur les différentes places intéressantes. Conduisez-les en Angleterre ; dites-leur qu'ils voient Londres, etc. Faites-leur aussi visiter Paris. Dites-leur qu'ils peuvent voir les jolies filles de Paris, et faites-les flirter ensemble. Dites-leur que les filles leur font des grimaces et qu'ils doivent leur répondre. Montrez-leur des luttes entre lutteurs renommés. Montrez-leur des équilibristes traversant des rivières sur des cordes tendues, etc. Tout ce qui vient à la pensée de l'opérateur peut être exécuté. Les commentaires et les actions des sujets dans cette scène exciteront l'hilarité des personnes présentes. *Ascension en ballon.*

Hypnotisez plusieurs de vos sujets et dites-leur qu'ils appartiennent à une troupe d'opéra. Faites-leur chanter du grand opéra et de l'opéra comique. Faites-leur aussi chanter des soli et valser. Comme dernier incident de cette scène, vous pouvez en faire danser un autour du salon avec un balai, lui disant que le balai est une jeune fille. *Chant et danse.*

Si un téléphone se trouve à votre portée, comme expérience scientifique vous pouvez hypnotiser quelqu'un par ce moyen. C'est une expérience des plus étonnantes, et qui ne manque jamais d'étonner toutes les personnes présentes. Vous pouvez aussi hypnotiser quelqu'un en lui faisant regarder une carte que vous avez préparée à cette fin. Une bonne manière, c'est de mettre la carte dans une enveloppe, de la passer au sujet, le priant de l'ouvrir. Quand il ouvre l'enveloppe et regarde la carte, il tombe dans un profond sommeil. Ceci est une expérience des plus merveilleuses. *Hypnotisme par le téléphone et les cartes.*

S'il y a des médecins présents, ou si vous avez un auditoire composé de savants, vous ne devez pas manquer de faire des expériences de catalepsie et d'anesthésie. Elles paraîtront véritablement merveilleuses et étonnantes a tout auditoire. Hypnotisez quelqu'un ; faites que tous les muscles de son corps deviennent d'une rigidité parfaite. Placez ses épaules sur une chaise et ses pieds sur une autre, et que plusieurs personnes se mettent debout ou assises sur lui. La merveilleuse rigidité des muscles est une preuve des plus convaincantes de la réalité de cette étrange influence. *Catalepsie et anesthésie.*

Ada B. Young, 312 Ave. Indiana, Lawrence, Kan., écrit : "J'ai hypnotisé une amie et je lui ai fait voir un lac imaginaire dans lequel elle a pêché avec un manche à balai. Je lui fis faire tout ce que je lui dis. Elle souffrait beaucoup de douleurs à la bouche et cela l'inquiétait. Je lui dis que son mal la laissait et que vers quatre heures de l'après-midi elle serait tout-à-fait bien. Je l'éveillai et je suis certaine que sa bouche ne l'a plus fait souffrir."

Jeunes gens riant aux éclats au commandement de l'hypnotiseur.

Maintenant hypnotisez quelqu'un, faites les suggestions appropriées et transpercez la main ou le bras avec une aiguille stérilisée ou
s'il y a quelqu'un qui aimerait à se faire extraire une dent, faites les
suggestions appropriées et ayez un dentiste pour l'extraire. Quand le
sujet s'éveillera, il ignorera que sa dent est extraite. Il ne souffrira
aucunement, ni pendant, ni après l'opération. *Une expérience d'anesthésie.*

Suggestion post-hypnotique.

Dans ces expériences la suggestion est faite au sujet pendant qu'il
est endormi. Il est ensuite éveillé, et dans un état conscient naturel
il obéit aux suggestions, ignorant de qui il reçoit le commandement.

S'il se trouve dans l'assemblée un fumeur de cigarettes, hypnotisez-
le, faites les suggestions appropriées pour le guérir de cette habitude,
puis, éveillez-le. Quand il sera éveillé il ne se rappellera point ce
que vous lui avez dit. S'il constate, quelques instants après qu'il a
sur lui des cigarettes, il les jettera. Si quelqu'un lui en offre une, la
simple vue de cette cigarette le rendra très malade.

Ensuite hypnotisez quelqu'un en le suggestionnant de telle sorte,
qu'éveillé il se croira l'Empereur d'Allemagne et fera un discours
politique. Puis éveillez-le et après qu'il sera tout à fait éveillé il se
lèvera, ayant dans les yeux une expression étrange, et il commencera
un remarquable discours politique. La facilité qu'ont les personnes,
même les plus ignorantes, de faire un discours politique, sous
l'influence hypnotique, est véritablement merveilleuse et défie toute
explication. *Discours improvisé sous l'influence hypnotique.*

Ces expériences sous l'influence des suggestions post-hypnotiques
seront les plus mystérieuses de toute la séance, et elles établiront
immédiatement votre réputation d'hypnotiseur d'une extraordinaire
habileté.

Les pouvoirs merveilleux de l'intelligence sont développés par
cette étrange influence. Montrez à un sujet hypnotisé une feuille de
papier blanc uni, ou une carte ; faites les suggestions appropriées,
faites faire, par quelqu'un, une marque légère sur le dessous de la
carte, afin qu'il soit possible de la reconnaître, puis mélangez-la à
d'autres feuilles exactement semblables, de manière à ce que personne
dans sa condition naturelle, ne puisse retirer cette feuille sans en
examiner le dessous. Maintenant rendez tout le paquet de feuilles au
sujet hypnotisé et il trouvera instantanément la feuille qui lui a
d'abord été montrée. Cette expérience ne manque jamais d'étonner *Merveilleuse expérience scientifique.*

tous ceux qui en sont témoins et elle est des plus convaincantes en es qui concerne le merveilleux pouvoir de l'hypnotisme. Des centaines d'autres expériences, dont quelques-unes sont beaucoup plus étonnantes et plus mystérieuses que celle-ci, peuvent facilement être accomplies.

Comme dernière démonstration, un "cake walk," danse excentrique, serait on ne peut plus amusant. Demandez aux hommes les plus âgés, si cela est possible, de vous permettre de les hypnotiser pour cette expérience, et si vous avez quelques chapeaux d'un genre particulier faites-les mettre aux sujets après qu'ils sont sous l'influence hypnotique. En les voyant aller autour de l'appartement, essayant de faire les différents pas fantaisistes, les spectateurs se sentiront envahis par un enthousiasme et un rire irrésistibles. Quand les sujets seront éveillés ils ne s'apercevront point qu'ils ont des chapeaux jusqu'au moment ou il le constateront accidentellement, et à mesure que chacun fait cette constatation, leur profond étonnement provoque les éclats de rire.

"Cake Walk" Danse excentrique.

L'hypnotisme permet de donner des séances amusantes en même temps qu'instructives. Plusieurs hypnotiseurs exigent de 250 frs. à 625 frs. pour donner des séances d'hypnotisme dans les salons des gens riches. Un homme qui peut donner de bonnes représentations d'hypnotisme sera toujours recherché par les meilleures classes de la société.

Un homme hypnotisé, dans un état cataleptique, supporté par les
dossiers de deux chaises, pendant que l'on brise sur lui,
sans le moindre danger pour personne, une pierre
de 500 lbs. Avant que la pierre ne se bri-
sât un homme très fort l'a frappée
sept fois avec un lourd marteau.

LA PUISSANCE DU MAGNETISME PERSONNEL EN AMOUR ET EN SOCIETE

OMMENT être aimé, comment mériter et conserver l'affection des autres peut vous sembler un don qui est l'apanage de bien peu de personnes. Tel n'est point le cas. Ce pouvoir mystérieux est à la portée de tous ceux qui veulent seulement faire un effort vers la bonne direction.

Comment inspirer l'amour.

Il y a certaines choses qui produisent et inspirent l'amour ; il y a certaines choses qui le détruisent. Connaissez-vous ces choses, ou tentez-vous d'obtenir une chose que vous ignorez totalement ?

Pourriez-vous vous attendre à obtenir des succès comme ingénieur civil, si vous n'aviez point étudié les mathématiques ou le génie civil ? Pourriez-vous espérer des succès comme orateur si vous ne connaissiez point votre langue ? Alors comment pouvez-vous espérer mériter et conserver l'amitié, l'admiration et l'amour, sans la connaissance des forces les plus belles de la nature, sans connaître les éléments constitutifs sur lesquels se fonde et demeure l'amour.

La toute-puissante investigation a été dirigée vers la découverte des mystères de la vie et des sexes, des passions et des facultés intel-

Information étonnante.

lectuelles, et l'on a arraché leurs secrets aux retraites sombres et cachées du passé. Nous avons fait une étude longue et attentive du magnétisme, de la physiologie et de la psychologie dans leurs rapports spéciaux avec les sexes et nous pouvons nous donner une information étonnante dont vous n'avez jamais rêvé.

L'art de fasciner, le pouvoir de charmer par la voix, les manières, etc., etc., et la nature véritable et la source de l'amour vrai, vous seront complètement expliqués.

Il n'y a rien d'insensé dans notre cours ; chaque mot a pour base la raison, le sens commun, des faits scientifiques déduits d'études longues et pénibles, et quand vous lirez notre cours, vous constaterez combien est sensé et plein de raison tout ce qu'il renferme. D'étonnantes découvertes vous seront dévoilées et les mystères de la vie qui vous seront révélés vous placeront dans une sphère toute nouvelle. Vous verrez et comprendrez des choses comme vous ne les avez jamais vues et comprises auparavant. Vous aurez des connaissances qui plus que toutes autres, vous apporteront bonheur et plaisir. Un intérieur où il n'y a pas d'amour est l'endroit le plus désolé qui soit sur terre. Notre pays compte aujourd'hui des milliers d'habitations d'où l'oiseau d'amour s'est enfui et des centaines de tombeaux marquant, sur nos vertes collines, les endroits ou reposent ceux qui sont morts d'avoir vu l'amour s'enfuir de leur foyer, ceux dont l'étincelle de vie a pâli et s'est ensuite éteinte dans l'obscurité de la nuit, parce que la main qui avait été magnétique, s'est refroidie. L'amour s'est envolé, un foyer a été détruit, le désespoir est entré dans une vie à laquelle l'on a finalement renoncé,—tout cela parce que l'on ignorait tout ce qui concernait les mystères de la vie et des sexes, de l'amour et du magnétisme humain. *(Mystères de la vie révélés.)*

Aucune dame n'a jamais occupé une haute situation dans la société, ni n'a conquis de l'empire sur les autres femmes, et n'a pu fasciner ceux qui l'entouraient, si elle n'a possédé l'influence magnétique. La beauté seule ne saurait obtenir ce résultat. Combien souvent voyons-nous une femme admirablement belle, surpassée par sa sœur d'aspect plus humble, simplement parce que cette dernière possède cette chose invisible que le peuple nomme magnétisme. *(Inappréciable pour les Dames.)*

Des dames disent souvent : "Je puis faire des amis, mais je ne puis les conserver ; l'on m'aime beaucoup d'abord, mais après très peu de temps, l'on cesse de faire attention à moi." La raison de ceci est évidente. Vous pouvez avoir la beauté, l'éducation et la fortune, mais cette force toute-puissante, appelée le magnétisme personnel, manque. Ce merveilleux agent est plus fascinateur que la beauté plus subtil que l'éducation, plus puissant que la fortune, et donne à celle qui le possède une grâce et une délicatesse que rien autre chose ne pourrait donner. Il est un fait très curieux c'est que plus un homme est puissant intellectuellement plus il est facilement influencé par cette mystérieuse force invisible. Celui qui peut remuer une nation jusqu'à ses plus intimes profondeurs par la magie de son style, ou subjuguer les multitudes par le charme de sa voix, est dépossédé de son merveilleux pouvoir et devient comme une cire molle devant une femme possédant une grande influence magnétique. Et cependant, ce pouvoir mystérieux, qui a eu tant d'influence sur la destinée des rois et qui a fait que les frontières des nations ont oscillé sur la carte du monde, peut être acquis et utilisé par toute femme intelligente qui veut y consacrer le temps et les efforts nécessaires pour le connaître. Celles qui possèdent à un dégré éminent la faculté de se servir de ce *(Succès dans la société.)*

Les manières sont plus fascinatrices que la beauté.

pouvoir l'ont acquis. Plusieurs l'ont étudié et l'ont appris comme vous apprenez l'arithmétique et l'épellation. Cette information, cependant, a été cachée au public. Ses secrets ont été jalousement gardés par ceux qui les possédaient, et jamais auparavant ils n'ont été placés à la disposition du public en général.

Nous paierons 5,000 frs. si le cours que nous donnons à ce sujet n'est pas le plus récent et le plus complet et nous paieront un autre 5,000 frs. si vous pouvez obtenir ailleurs les informations que nous vous donnons, c'est-à-dire, une exposition complète des secrets véritables de l'art tels que nous les expliquons.

Nous ne prenons point votre temps par une imposition de régime, de bain, etc., etc.; notre cours n'est pas non plus un ramassés de vieux livres, mais nous vous donnons les véritables secrets de l'art de fasciner ou de la science des manières, et nous vous indiquons exactement comment vous pouvez acquérir et utiliser ce merveilleux pouvoir.

Secrets véritables

Cette connaissance est le résultat d'années d'études par d'éminents spécialistes et a occasionné des déboursés de plusieurs milliers de francs. Tout est réduit à un système et notre cours est si clair que n'importe qui peut se l'approprier. Aucune femme ne peut se plaindre davantage de son incapacité à influencer les autres ou à faire bonne figure dans la société. Vous avez maintenant l'occasion d'acquérir cette inappréciable science, et si vous négligez ou refusez de l'acquérir et que vous soyiez dans la vie une victime de l'infortune et du malheur, vous en serez seul responsable. L'on vous a offert la baguette magique, qui pouvait vous faire obtenir pouvoir, influence et fortune, mais vous l'avez refusée, sachant bien alors qu'une puissante force magnétique est une arme à laquelle ne sauraient résister même les plus puissants.

Eloigne l'infortune.

Hammond Hering, de Williamsport, Pa., écrit: "Je sens qu'il est de mon devoir de déclarer que j'ai trouvé votre cours exactement tel que représenté, et supérieur à ce que je croyais. Je dois dire que j'en suis très satisfait et je crois que mon succès comme hypnotiseur est certain. J'ai hypnotisé en un instant, et j'ai produit l'état cataleptique et fait d'autres expériences avec facilité. Je conseillerais à toutes les personnes désireuses d'obtenir des informations complètes à ce sujet d'acheter ol cours."

CE QUE DES PROFESSEURS ET DES HOMMES EMINENTS DISENT DE L'HYPNOTISME.

UNIVERSITÉ HARVARD, CAMBRIDGE, MASS.

Des jambes peuvent être amputées, des accouchements faits, des **De** dents extraites, en résumé, les plus douloureuses opérations peuvent **l'Université** être faites sans autre anesthésique que l'assurance de l'hypnotiseur **Harvard.** qu'aucune douleur ne sera ressentie. L'on peut également, par cette influence, faire disparaître les douleurs morbides, guérir des névralgies, maux de dents, rhumatisme. La sensation de la faim a été détruite à un tel point qu'un patient a pu rester quatorze jours sans prendre aucune nourriture.

WILLIAM JAMES, Ph. D., M.D.,
Professeur de psychologie.

TEMPLE COLLEGE, PHILADELPHIE, PR.

J'ai vu le pouvoir subtil de l'hypnotisme faire disparaître la dou- **Du** leur où d'autres anesthésiques n'avaient pas réussi. J'ai vu un malade **Temple** ramené à la santé sans autres moyens qu'un sommeil tranquille, repo- **College.** sant, produit par l'influence de ce merveilleux agent.

RÉV. RUSSELL CONWELL, D.D.,
Prés. Temple College et Pasteur du Temple Church (Baptiste).

C'est non-seulement dans les cas d'hystérie, de névrose, et de **De Paris,** simples maladies nerveuses fonctionnelles que l'hypnotisme trouve **France.** son application. Nous avons vu les guérisons qu'il a opérées dans les affections organiques du système nerveux, dans les cas de rhumatisme chronique articulaire, paralysie, troubles gastriques, etc.

H. BERNHEIM, M.D.,
Professeur de l'Université de France.

La maladie est accompagnée d'accès ou de perte d'énergie ner- **De Londres,** veuse dans les organes principaux énervant les organes affectés, et **Angleterre.** l'hypnotisme nous permet d'enrayer et de corriger ces désordres et de guérir ainsi la maladie.

C. L. TUCKEY, M.D.
Médecin de la "Margaret Street Infirmary," Londres.

L'hypnotisme, comme agent thérapeutique, durera plus longtemps **De Berlin,** que beaucoup de remèdes dont les journaux médicaux font les éloges **Allemagne.** à pleines colonnes actuellement.

ALBERT MOLL, M.D.

C. E. Baker, 503-91 rue Dearborn, Chicago, Ill., écrit : "J'ai guéri trois ou quatre cas de mal de tête, et une dame qui souffrait de constipation depuis des années. Je l'ai traitée trois fois, et selon toutes apparences elle est guérie."

Sujets dans un état cataleptique (dont les membres sont parfaitement rigides) posant pour représenter une scène de mort.
La gravure ne donne qu'une faible idée de la scène
elle-même, illuminée de rayons de couleur.
De plus, l'expression des figures
n'a pu être parfaitement
rendue par la gravure.

 # CONGRES INTERNATIONAL D'HYPNOTISME, TENU A PARIS, 12 AOUT, 1900. 

Bâtisse de l'Exposition, dans laquelle le Congrès Universel d'Hypnotisme
a été tenu.

 RIEN, peut-être, ne peut mieux illustrer le fait que l'hypnotisme occupait une place des plus élevées parmi les principales sciences de l'époque que le rapport du Congrès International d'Hypnotisme, qui fut tenu à Paris, le 12 août 1900, dans la Bâtisse du Congrès de Médecine. Plusieurs importantes communications traitant d'hypnotisme furent discutées. La convention fût exclusivement scientifique et les séances furent fructueuses en résultats qui auront pour effet de faire progresser l'hypnotisme.

Vingt-quatre nationalités différentes furent représentées à ce congrès par plus de 500 délégués, y compris des professeurs de collèges, médecins et savants, d'Amérique et d'Europe. L'on aura une

W. H. Hayes, M. D., 841 rue Camp, Nouvelle-Orléans, La., écrit :
"Je suis très satisfait de votre cours. Depuis que je l'ai reçu j'ai
ouvert un cours de traitement magnétique et je réussis très bien.
Mon succès augmente tous les jours, votre cours est la première
chose que j'aie lue à ce sujet. Maintenant je suis président de cette
institution. Je ne puis trop hautement recommander **votre système**.
Il est de beaucoup supérieur à ce que je croyais."

excellente idée de la position des hommes qui jouèrent un rôle actif dans l'étude de cette grande science en examinant la liste des officiers élus :

Président : M. le Dr. Volsin (Jules), Médecin de la Salpêtrière.

Vice-président : M. M. Dauriac (Dionell), Prof. honoraire à la Faculté des Lettres de Montpellier.

Secrétaire-général : M. le Dr. Berrillon.

Secrétaire-général adjoint : M. le Dr. Farez (Paul) licencié en philosophie.

Trésorier : Colas (Albert). Président d'honneur, M. M. le Dr. Joffroy ; le Dr. Raymond ; M. le Dr. Charles Richet ; le Dr. Durand ; le Dr. Liebeault, et autres hommes éminents.

Parmi les hommes éminents qui représentaient les États-Unis étaient : le Dr. MacDonald, de Washington, l'éminent expert du gouvernement ; le Dr. Hamilton Osgood, de Boston ; le Dr. Henrik Peterson, de Boston ; le Prof. Morris Teligson, de Cleveland, et le Prof. William James, de l'Université Harvard.

Des discours furent faits par des représentants de presque tous les pays. M. Clark Bell parla au nom du gouvernement des États-Unis ; le Dr. Édouard Berrillon fit une conférence des plus intéressantes sur "l'Histoire de l'Hypnotisme." Il s'est aussi distingué sous tous rapports pendant toute la durée du congrès, et il a beaucoup aidé à l'avancement de la cause de l'hypnotisme comme agent thérapeutique efficace dans le traitement de la maladie. Le rapport du congrès a absolument rangé l'hypnotisme au nombre des sciences, et les efforts incessants de ces hommes ont mis à jour ses phénomènes et présenté une hypothèse à étudier.

L'hypnotisme et le magnétisme personnel ont attiré l'attention des gens d'étude, qui ont trouvé dans ces sciences un sujet fructueux et profitable pour leur investigation. Il doit certainement y avoir quelque chose dans le magnétisme puisque tous les gens sérieux de chaque pays civilisé du globe cherchent à s'en rendre maîtres. Une enquête attentive vous montrera que des hommes éminents, appartenant aux professions ou étant dans les affaires, dans toutes les parties du monde, attribuent leur succès dans la vie, en tout ou en partie, à la connaissance de ces sciences. Il n'est pas admissible que tous ces gens se soient trompés.

W. E. et W. L. Link, M. D., de Willington, C. S., écrivent : "Votre cours d'hypnotisme est si clair que tous peuvent le comprendre. Personne ne peut se méprendre sur sa signification. Nous avons extrait plusieurs dents sans douleur, la semaine dernière. Nous sommes médecins, et l'hypnotisme nous est d'un grand secours dans notre pratique."

LE DR. SAGE CONSIDERE COMME UNE AUTORITE EN FAIT DE MAGNETISME PERSONNEL ET D'HYPNOTISME

Par le Rév. J. S. WHARTON.

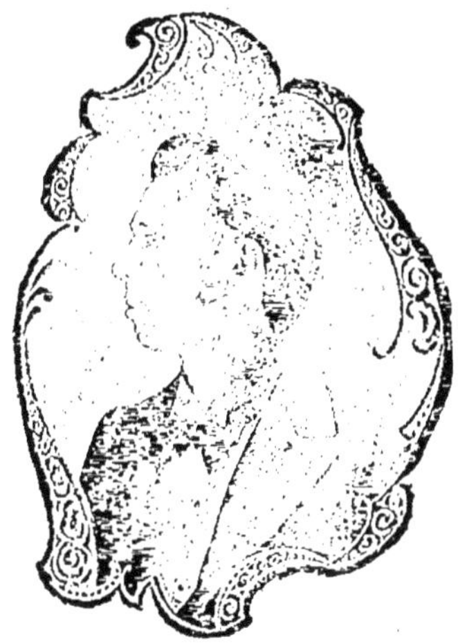

DR. X. LA MOTTE SAGE.

DEPUIS plusieurs années le nom du Dr. X. La Motte Sage a été intimement lié à des sujets tels que le magnétisme personnel et l'hypnotisme. Le Dr. Sage a acquis une renommée universelle, non-seulement par ses investigations dans le domaine des sciences occultes, mais aussi, comme savant et comme auteur. Il est généralement connu pour ses travaux sur les Mathématiques, sur l'Anglais, et sur les Lois commerciales. Plusieurs des plus grandes institutions l'ont honoré en lui accordant des degrés, et il est maintenant Maître ès-Arts, Docteur en Philosophie et Docteur en Loi. Il est mieux connu du public comme auteur de l'ouvrage célèbre : "Hypnotism as it is" (L'hypnotisme tel qu'il est.)

Renommée universelle.

Le Dr. Sage a réalisé une fortune en quelques années en donnant des exhibitions et des conférences publiques sur l'hypnotisme. Il n'y a pas de raisons pour que d'autres ne puissent faire comme lui. Quand le Dr. Sage fit son célèbre voyage, il souleva un enthousiasme délirant dans toutes les villes où il passa. Les plus grands théâtres étaient littéralement remplis tous les soirs, il fallait refuser l'entrée à des centaines de personnes. Des gérants expérimentés de pareils voyages, d'amusement et de conférences, déclaraient qu'ils n'avaient jamais

Voyage du Dr. Sage.

Fred A. Keirstead, Boite 5, Sanford, Me., écrit: "Depuis que j'ai reçu votre cours je constate que tout est tel que représenté. J'ai vu le Prof Sage dans ses exhibitions alors qu'il était à Portland, et je sais que c'est la même méthode qu'il emploie."

rien offert au public qui eut soulevé une excitation aussi prolongée et
aussi merveilleuse que ces démonstrations et conférences hypnotiques.
Beaucoup de personnes auraient payé n'importe quel prix, même si
elles eussent été obligées de rester debout pendant les séances.

Avec une solide connaissance de l'hypnotisme vous pouvez amuser admirablement dans un salon et commander le respect des personnes les plus éminentes et les plus intelligentes de votre localité.
Quand vous possédez cette connaissance, vous avez quelque chose que
très peu de personnes possèdent. Ceux avec qui vous venez en contact sont forcés de vous respecter et de vous honorer en raison de vos
talents supérieurs.

Peu de personnes le possèdent.

Le Dr. Sage a une longue expérience pratique de toutes les phases
de l'hypnotisme. Il vous enseigne exactement comment acquérir une
connaissance parfaite du magnétisme personnel et de la manière d'influencer inconsciemment les autres. Il ne vous dit point simplement
que l'hypnotisme a cet effet, mais il vous dit comment vous servir de
l'hypnotisme. Nous vous garantissons qu'il vous donnera sur ce
sujet des informations plus complètes et plus sérieuses que toutes les
autres ensemble. Il vous dit comment vous servir de vos yeux, de
vos mains ; ce qu'il faut dire et comment le dire ; ce qu'il vous faut
faire faire aux autres personnes ; comment constater que vous avez
une influence convenable, etc., etc. Sur ce sujet seulement, il vous
confie des secrets valant des centaines de dollars.

Il vous dit exactement comment traiter la maladie. Il ne vous
dit pas simplement servez-vous de l'hypnotisme ou du magnétisme
animal, mais il vous indique comment vous en servir. Il fait de
même quand il s'agit d'une séance récréative, et de tout ce qu'il vous
enseigne. La plupart des gens annoncent qu'ils vous donneront de
nombreuses informations, mais ils ne vous enseignent que les principes élémentaires de l'hypnotisme ; ils vous disent que vous possédez
tout, que vous possédez le secret, et vous conseillent d'aller en avant.
Le reste est accompli par l'influence hypnotique. Il vaudrait tout
aussi bien enseigner à un homme la notation, la numération, l'addi-
tion et la soustraction et lui dire : en avant maintenant ; tous les pro-
blèmes sont résolus par ces quatre principes. C'est vrai qu'ils le sont,
mais ce qui reste à apprendre en arithmétique est immense, après que
l'on s'est rendu maître de ces quatre principes. La même chose est
vraie de l'hypnotisme.

Il en connaît toutes les phases.

Roy A. Cutright, de Weston, Ve., Ouest, écrit : " J'ai guéri de nombreux maux de tête et de légers malaises depuis que j'ai reçu votre
cours. Votre cours de magnétisme personnel est particulièrement
précieux. J'ai essayé votre méthode d'influencer les gens à distance. Il y a quelque temps j'écrivais une lettre et je ne reçus pas
de réponse. L'autre jour je résolus d'obtenir une réponse ; je l'eus
immédiatement."

Les gens riches de New York et des différentes parties du pays paient constamment au Dr. Sage de grandes sommes d'argent pour des leçons traitant de l'usage inconscient de l'hypnotisme, ou magnétisme personnel.

Ces personnes comprennent parfaitement la valeur de la connaissance de ce pouvoir subtil, et connaissent la supériorité qu'il leur donne sur les autres. Elles étudient cette science attentivement et leurs succès s'accroissent tous les ans. "Ne remettez pas à demain ce que vous pouvez faire aujourd'hui," mais commencez immédiatement l'étude de cette merveilleuse science de l'hypnotisme et obtenez le secret de tous les grands succès dans la vie.

Le Dr. Sage a réduit la philosophie d'influencer les autres à un système et il a enseigné cette science à des centaines de femmes et d'hommes éminents. Il compte parmi ses élèves des sénateurs et des représentants du congrès des Etats-Unis, des politiciens distingués, des ministres, des prêtres, des avocats, des gouverneurs d'états, des ambassadeurs et des consuls, des présidents et des caissiers de banques, des orateurs, des hommes s'occupant d'assurance, des gérants de grandes corporations, et des personnes qui réussissent dans tous les sentiers de la vie.

Ces personnes connaissent la valeur de l'influence sur les autres et elles sont toujours prêtes à accroître leur connaissance. Elles dominent les gens et dirigent les destinées de notre nation. Les masses populaires travaillent pour elles, et n'obtiennent pratiquement rien, parce que les masses ignorent la loi par laquelle l'intelligence humaine peut être influencée et dominée. Pour exercer cette influence avec succès, vous devez laisser ignorer aux gens que vous possédez cette phase de l'hypnotisme, n'en rien dire à personne. "Celui qui sait être silencieux est un sage." Si les gens savent que vous avez cette science ils s'attendront toujours à être influencés par vous et ils résisteront à vos efforts.

La résidence du Dr. Sage, depuis un grand nombre d'années dans la grande métropole, New York, lui donne des moyens illimités d'éprouver personnellement son système, de même que cela permet à ses élèves d'éprouver ses méthodes.

Rien n'est enseigné dans ce cours, qui n'ait été prouvé comme étant éminemment pratique, par une longue expérience, son efficacité ayant été vérifiée dans chaque cas par des hommes éminents dans les affaires et les professions à New York. Ces hommes doivent posséder, à un degré remarquable, la faculté d'influencer les autres, en raison de **leurs hautes positions.**

J. C. Herbert, de Middlesex Ouest, Pe., écrit : "J'ai reçu votre cours et je m'en suis absolument pénétré. Aucun homme ne saura jamais le pouvoir qu'il possède jusqu'à ce qu'il ait reçu votre cours. Il vaut dix fois le prix demandé.

OHIO STATE UNIVERSITY

Columbus, Ohio, le 1er Février 189

À ceux que cela peut intéresser:

Sur mon invitation le Dr. R. Le-Motte Sage a fait une conférence à nos classes vendredi dernier dans la Chapelle de l'Université, sur l'hypnotisme. Ses remarques sur le sujet furent très sensées et simples, et exemptes de toutes prétentions extravagantes. Les personnes présentes furent beaucoup intéressées et jouirent de cette rare occasion de connaître la nature et les possibilités de l'hypnotisme, telles qu'elles ont été établies jusqu'à présent par les savants les plus distingués.

Après la conférence quelques expériences pratiques furent faites par le Dr Sage, les élèves et les membres de la Faculté de l'Université agissant comme sujets. Les expériences furent très satisfaisantes et hautement appréciées par les spectateurs.

Je suis heureux de recommander le docteur comme une personne dont l'intelligence et l'habileté lui donnent droit à la considération des personnes les plus éminentes.

W. H. Scott,
Professeur de Philosophie,
Professant depuis 25 ans.

TEMPLE COLLEGE
RUSSELL H. CONWELL

Department of Philosophy

Philadelphia, Pa.   3 Fév. 1859

J'ai examiné le cours d'hypnotisme par correspondance
de L. La Motte Sage, et je déclare que comme explication claire
et pratique de la lumière d'hypnotiser, je ne connais rien qu'il
soit possible de lui comparer. Je crois qu'un tel cours entre
les mains de tout médecin ou homme de profession, lui aiderait
beaucoup à le rendre plus utile.
Très sincèrement,

Edward H. Eldridge

SOUTHERN HOMŒOPATHIC MEDICAL COLLEGE

Baltimore, Md.   10 Jan.

Vendredi, le 7 courant, le Dr L. La Motte Sage a donné
au "Southern Homœopathic College", une exhibition des plus
intéressantes et des plus instructives, devant les élèves du
collège, de sa puissance hypnotique.
Des membres des différentes classes durent mis sous
l'influence hypnotique, et les élèves et les membres de la Faculté du Collège furent très satisfaits de la conférence et de
l'exhibition.

Henry Chandler M.D.
Doyen

UNIVERSITY OF MARYLAND

Baltimore, Md.   10 Jan.

Le Dr Sage a fait aujourd'hui, une conférence très savantes et très impressionnante sur l'hypnotisme, devant les élèves et la Faculté des différents départements de l'Université de Maryland. Il a défini de la manière la plus instructive les usages légitimes que l'on pourait faire de l'hypnotisme dans la pratique de la médecine.

La conférence fut suivie par une démonstration des plus instructives, des plus amusantes et des plus convaincantes du remarquable phénomène de l'hypnotisme, les sujets étant les professeurs et les élèves de l'Université

C. H. Mitchell
Doyen

FALL RIVER MEDICAL SOCIETY

Fall River, Mass.   16 Avril.

Sur invitation spéciale le Dr L. LaMotte Sage a fait devant la Société Médicale de Fall River, une démonstration très intéressante de l'hypnotisme, accomplissant plusieurs expériences remarquables et véritables sur plusieurs médecins éminents présents

E. Harris
Secrétaire,

Donné par ordre de la Société.

# LE DR. SAGE DEVANT LES CLUBS ET LES INSTITUTIONS D'EDUCATION

A ceux que cela peut intéresser :

Ceci est pour certifier que le Dr X. La Motte Sage nous a démontré d'une manière hautement intéressante et éminemment péremptoire le remarquable pouvoir de l'hypnotisme, employant comme sujets des personnes de bonne volonté, prises dans l'auditoire, lesquelles résident toutes en cette ville et sont bien connues de nous.

MARYLAND BICYCLE CLUB,
    Chas. W. Sloan, Prés., Baltimore, Md.

MARYLAND STATE NORMAL SCHOOL,
    M. B. Prettyman, Principal et Surintendant de l'Instruction publique,
    Baltimore, Md.

MT. VERNON SCHOOL OF ELOCUTION AND LANGUAGES,
    Philadelphie, Pe.

HOLY GHOST COLLEGE, Pittsburg, Pe.

YOUNG MEN'S CHRISTIAN ASSOCIATION,
    Jas. E. Picknew, Secrétaire général, Troy, N.Y

CENTURY CYCLE CLUB, Poughkeepsie, N.Y.

WORCESTER RAILROAD MEN'S ASSOCIATION, Worcester, Mass.

SADLER BRYANT & STRATTON BUSINESS COLLEGE,
    Warren H. Sadler, Prés., Baltimore, Md.

RENSSELAER POLYTECHNIC INSTITUTE,
    E. R. Carey, Professeur, Poughkeepsie, N.Y.

MYRTLE WHEELMEN, Baltimore Md.

CENTURY WHEELMEN'S CLUB, Philadelphie, Pe.

PORTLAND SCHOOL OF GYMNASTICS,
    Helen L. Coe, Directeur, Portland, Me.

CHILD'S BUSINESS COLLEGE,
    W. B. Wilson, Prin., Worcester, Mass.

KNICKERBOCKER CLUB,
    D. W. Jenkins, Secrétaire, Baltimore, Md.

NEWBURG CITY CLUB, Newburg, N.Y.

NEWPORT BICYCLE CLUB, Newport, R. 1.

HANCOCK CLUB, Worcester, Mass.

BLISS BUSINESS COLLEGE, Biddeford, Me.

YOUNG MEN'S P. T. & B. SOCIETY, Fall River, Mass.

FRANKLIN-MARSHALL COLLEGE, Lancaster, Pa.

Et plus de 200 autres.

Approuvé par les Clubs, les Universités et les Collèges.

Le soldat Carl O. Sievers, S. E. U. Indiana, per grade, dit : " J'ai employé le magnétisme personnel avec grand succès, dans un cas qui eût été impossible si je n'avais suivi votre cours et compris ces sciences. Je vous remercie de la bienveillante attention que vous m'avez toujours accordée, et je serai heureux de dire à tous ce que je pense de vos méthodes d'enseigner le magnétisme personnel."

CE QUE LES JOURNAUX DISENT DU DR SAGE

(Philadelphia Press, 1er sept. 1896.)

"Le Dr. Sage a acquis un pouvoir sur ceux qui ont agi comme sujets, que Charcot ou Luys, après avoir consacré leur vie à l'étude du phénomène hypnotique, n'auraient pu acquérir en si peu de temps."

(Telegram, Worcester, Mass., 24 oct. 1897.)

"Le Dr. X. La Motte Sage est certainement passé maître dans l'art d'endormir les gens."

(Record, Troy, N. Y., 23 nov. 1897.)

"Le Dr. Sage a accompli des expériences hypnotiques les plus inexplicables avec la plus grande facilité."

(The Journal, Boston, 6 fév. 1898.)

"Le Dr. Sage est une merveille. Je croyais sincèrement qu'il ne pouvait m'hypnotiser, mais il l'a fait, et je l'en félicite. L'étude de l'hypnotisme est intéressante et entre les mains d'un savant comme le Dr. Sage, elle l'est doublement."

(Philadelphia Enquirer, 1er sept. 1896.)

"Il a été fait une démonstration merveilleuse et en même temps amusante de l'influence de la pensée sur la matière, hier soir, au Park Theatre, quand le Professeur Sage présenta à un immense auditoire la science de l'hypnotisme et des scènes hypnotiques. Les effets atteints furent prodigieux, qu'ils soient considérés par un sceptique ou par le plus fervent croyant."

(Pittsburg Leader, 1er février 1896.)

"Le Dr. Sage est remarquable, en ce que ses représentations, tout en étant amusantes, sont toujours des démonstrations de phénomènes scientifiques, jamais tentées auparavant par aucun autre hypnotiseur."

(Harrisbusg News, 29 mai 1896.)

"Le Dr. Sage a un contrôle plus grand sur le merveilleux pouvoir, qu'aucun autre homme devant le public aujourd'hui. Son exhibition de la puissance et des possibilités de l'hypnotisme est véritablement merveilleuse."

(Times, Reading, Pe., 5 mai 1896.)

"Le Dr. Sage a donné, hier soir, devant un très nombreux auditoire, une représentation par laquelle il démontré à la satisfaction de tous sa merveilleuse puissance hypnotique. M. Sage est un homme très instruit et un orateur persuasif."

Nous avons un nombre incalculable de témoignages et d'extraits de journaux, tous certifiant le merveilleux succès du Dr. Sage.

M. E. B. Hill, Leopold House, Vreufel Road, Maidenhead, Ang., écrit : "Je suis très satisfait de votre cours de magnétisme personnel et d'hypnotisme. Il est si bien illustré et si explicite que nul ne sera embarrassé pour le comprendre. Je vous remercie des réponses longues et courtoises que vous avez faites aux questions que je vous ai posées."

Dr. Sage hypnotisant une grande nombre de personnes au même
temps sur l'étage du Park Théâtre, Philadelphia, Pa.

COMMENT ACQUERIR LE POUVOIR.

EAUCOUP de personnes, dans le cours des ans, parviennent à posséder un certain pouvoir hypnotique ou magnétique, sans savoir comment elles l'ont acquis, ou sans bien constater qu'elles le possèdent. De telles personnes, cependant, n'obtiennent jamais le brillant succès qu'elles auraient obtenu si elles avaient fait une étude attentive et systématique du sujet.

Comment avoir du succès.

Pour avoir du succès vous devez d'abord vous rendre tout-à-fait maître des premiers principes, alors vous aurez une base sur laquelle vous pourrez édifier. Vous saurez ce que vous faites et pourquoi vous le faites. Vous aurez un système qui multipliera à l'infini votre puissance. Un homme ayant une méthode incertaine ne peut jamais faire concurrence à un homme ayant une méthode systématique. Dès milliers et des milliers de personnes traversent la vie, sans même avoir la moindre conscience du merveilleux pouvoir de l'influence magnétique. Ces personnes sont souvent très savantes et bien préparées, sous les autres rapports, aux luttes de la vie, mais elles ne réussissent pas. Elles voient quotidiennement d'autres personnes ne possédant pas un dixième de leur capacité les dépasser. La raison en est évidente. Jamais l'on a vu un homme atteindre le rang auquel lui donnaient droit ses talents, à moins qu'il n'ait possédé l'influence magnétique. Des milliers de personnes possédant le magnétisme personnel, et peu favorisées sous d'autres rapports, sont portées aux nues par les multitudes enthousiastes, et vivent dans l'abondance et dans la joie, simplement parce qu'elles possèdent la puissance magique qui leur permet de dominer les intelligences.

Ce n'est point un don.

Le magnétisme personnel n'est point un don ; vous pouvez apprendre le magnétisme personnel, la thérapeutique suggestive, et toutes les sciences hypnotiques, si vous le désirez. Cette source de précieuses informations vous est ouverte, et vous pouvez y boire de ses eaux effervescentes, et façonner les intelligences humaines. Toute personne qui possède ce merveilleux pouvoir l'a acquis. Il est vrai que dans les temps passés il a été tenu secret, mais ses mystères sont maintenant dévoilés par la science moderne et il n'est plus nécessaire que vous marchiez dans l'obscurité. Vous n'avez qu'à le vouloir et vous en aurez une connaissance précise et vraie. Nous garantirons absolument que nous vous enseignerons et que nous vous ferons connaître les plus précieux secrets de toutes les sciences occultes. Nous les avons enseignés à des centaines de personnes qui nous ont écrit les lettres les plus flatteuses, racontant avec enthousiasme leur merveilleux succès, comment la joie est entrée dans leur demeure, les circonstances malheureuses vaincues, leurs maladies guéries comme par magie et les bienfaits innombrables qu'elles en ont reçus. Vraiment un monde nouveau leur a été révélé. Ceci peut vous sembler exagéré, mais ce n'est pas même la moitié de ce qui est vrai. Lisez, dans ce petit livre, les témoignages non sollicités de nos élèves, écrivez-leur à propos de nous, et des bienfaits nombreux et merveilleux qu'ils ont reçus, nous n'osons tous les publier ici. Les plus grands éloges qui soient faits de notre cours sont ceux faits par nos élèves.

Garantie de vous l'enseigner.

W. C. Morrill, 1313 rue Willow, Austin, Texas, dit : "Je n'ai pas fini votre cours, mais j'en ai appris assez pour pouvoir influencer les gens suffisamment pour immobiliser leurs bras, roidir leurs jambes, etc. De fait, je n'ai pas encore eu d'insuccès. J'en suis on ne peut plus satisfait. Tous mes amis et connaissances sont anxieux de voir mes représentations."

NOUS VOUS ENSEIGNONS PARFAITEMENT
PAR CORRESPONDANCE.

QUELQUES personnes croient qu'il est impossible d'enseigner l'hypnotisme par correspondance. Pour la plupart des méthodes cela est peut-être vrai, mais notre méthode et notre système sont si claires que nous pouvons l'enseigner, par correspondance, à quiconque peut apprendre toute autre chose, et comme preuve concluante de notre confiance nous vous offrons de vous remettre votre argent si vous ne l'apprenez point. Ainsi nous prenons toute la responsabilité. Tout ce que nous vous demandons est d'essayer. Notre cours est magnifiquement illustré de belles gravures demi-ton et c'est le seul cours d'hypnotisme par correspondance qui ait jamais été illustré. Avec chaque cours nous vous donnons une garantie écrite que nous ferons de vous un hypnotiseur ou que nous vous remettrons votre argent ; la garantie est accompagnée d'un rapport assermenté de notre responsabilité financière et de références de banques qui vous donnent l'absolue certitude que nous ferons exactement ce que nous promettons.

Magnifiquement illustré.

Après que vous avez une fois appris notre méthode, il n'est point nécessaire que vous la pratiquiez pour conserver votre habileté à exercer l'influence hypnotique. Ne pratiqueriez-vous point pendant dix ans que vous seriez encore capable d'hypnotiser par nos méthodes. Elles ne peuvent être oubliées après qu'elles ont été apprises une fois,

Ne peut être oubliée.

Vous pouvez, par nos méthodes, hypnotiser aussi souvent que vous le voulez, sans causer le moindre mal à qui que ce soit. Où des effets

Joseph C. Lang, 128 rue Locust, et Wilfred P. Colby, tous deux de Waterbury, Conn., ont fait des déclarations assermentées comme suit : M. Lang—"Je n'ai aucune hésitation à dire que personne ne sera désappointé en achetant votre cours et en suivant ses instructions. Mon succès a été remarquable." M. Colby—"Après avoir soigneusement étudié vos leçons, je les considère parfaites sous tous rapports, et de beaucoup supérieures à tous les cours que j'ai vus."

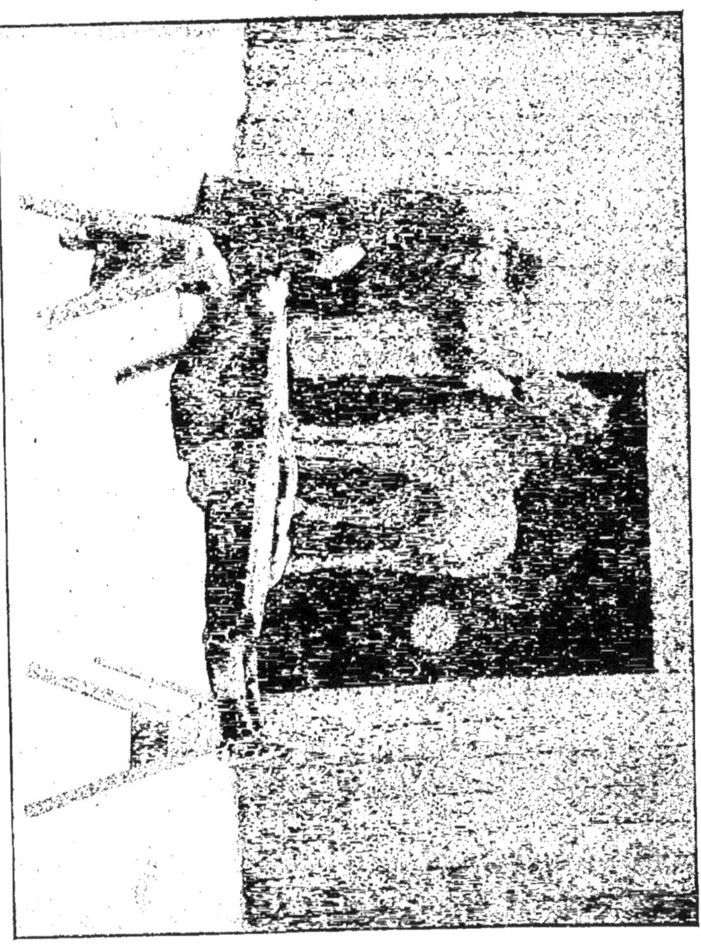

Ceci représente une expérience de catalepsie faite il y a plusieurs
années par M. J. K. Perkins, de Kalamazoo, Mich.,
un de nos élèves. M. Perkins est le premier
qui ait tenté cette expérience.

préjudiciables sont produits, c'est uniquement le résultat de méthodes mauvaises pour produire l'état hypnotique ou parce que l'on ne comprend pas bien comment doit être enlevée l'influence. Nous garantissons absolument que personne ne sera affecté et que la majorité des personnes hypnotisées par nos méthodes en bénéficieront matériellement. L'hypnotisme en lui-même est absolument inoffensif. Vous ne pouvez faire de mal aux gens que par des méthodes mauvaises ou une grossière ignorance.

Ce cours fut préparé par l'éminent savant et hypnotiseur, X. La Motte Sage, Maître ès-arts ; Docteur en Philosophie ; Docteur en Loi ; Professeur au "Pierce College", Philadelphie, Pe,, au "Central College", Sedalia, Mo., et au "New York Institute", New York, depuis plus de huit ans ; auteur d'ouvrages sur les Mathématiques, l'Anglais, les Lois du Commerce, et de l'ouvrage "Hypnotism As It Is."

Le Dr Sage a eu le plaisir de faire, par suite d'arrangements spéciaux avec les différentes facultés, un grand nombre de conférences scientifiques devant des institutions d'éducation, au nombre desquelles se trouvaient : "The Ohio State University", Columbus, Ohio ; le "Temple College" (Baptiste), Rév. Russell Conwell, Président, Philadelphie, Pe. ; "Holy Ghost College" (Catholique), Pittsburgh, Pe.; "Ohio Medical University", Columbus, Ohio; "The Western University of Pennsylvania" (Dépt. Méd.), Pittsburgh, Pe. ; le "Bates College" et le Séminaire Théologique, Lewiston, Maine ; le "Franklin-Marshall College", Lancaster, Pe.; le "Mt. Vernon School of Elocution and Languages", Philadelphie, Pe.; le "Eastman College", Poughkeepsie, N.Y.

Le Dr Sage a personnellement hypnotisé et éveillé plus de 15,000 personnes, et il est, sans conteste, la plus grande autorité vivante sur les méthodes pour produire le sommeil hypnotique. Dans son cours il vous fait connaître le secret de méthodes d'hypnotiser les gens et de les éveiller que jamais personne n'avait connues auparavant. Il a eu vingt fois l'expérience de tout autre professeur d'hypnotisme, et les résultats de cette précieuse expérience sont tous parfaitement expliqués dans son précieux cours, qui est universellement proclamé pa tous ceux qui l'ont examiné le meilleur cours par correspondance qui soit au monde.

Al. Corey, 92 Castle, Boston, Mass., dit : "C'est avec plaisir que je vous communique les résultats de ma courte expérience de deux mois avec votre cours. Après avoir cherché en vain parmi tous les livres de la Bibliothèque Publique de Boston (reconnue par tous comme étant la plus complète du continent, une plus complète se trouvant en Europe), je constatai que je ne pouvais obtenir les informations précises que je désirais. Votre cours fit plus que me satisfaire. Les leçons de magnétisme personnel m'amusent autant qu'elles me sont profitables pécunièrement."

CE QUE NOTRE COURS VOUS ENSEIGNE.

OTRE cours est garanti être le plus clair et le plus complet qui ait jamais été donné par la poste, sinon votre argent vous est remis promptement. Ainsi, en suivant notre cours vous n'êtes pas forcés de compter simplement sur notre parole pour ce que vous recevez. Nous vous donnons des références indiscutables concernant notre responsabilité et nous vous remettons immédiatement votre argent si vous ne trouvez pas tout exactement tel que représenté. Il est impossible d'exprimer par les mots tout ce que vous•vaudra notre cours et sa merveilleuse supériorité sur tous les autres cours qui aient jamais été donnés. Ce cours a été préparé sans considération des dépenses, notre but étant d'avoir ce qu'il y a de mieux à quelque prix que ce soit.

Garanti le meilleur.

1. Nous expliquons parfaitement comment hypnotiser au moyen de miroirs tournants, objets brillants, etc., recommandant les meilleurs instruments dont on doit se servir à cette fin et indiquant exactement comment les employer.

Instruments mécaniques.

Nos instructions sont illustrées à profusion des plus délicates gravures demi-ton montrant la position exacte du sujet et de l'opérateur dans tout ce que nous expliquons. Ces illustrations doublent pour nous le coût du cours ; cependant, sans elles, l'élève pourrait se faire une idée tout-à-fait fausse de plusieurs des choses les plus importantes. C'est le seul cours offert qui soit convenablement illustré de photogravures, montrant ainsi à l'élève, par des gravures, comment procéder exactement afin d'obtenir les meilleurs résultats.

Magnifiquement illustré

2. Nous vous enseignons comment hypnotiser par suggestion, vous donnant les meilleures formules qui soient au monde. Cette partie de notre cours est de beaucoup supérieure à tout ce qui a été offert auparavant. Le Dr. Sage a hypnotisé plus de personnes que dix autres professeurs d'hypnotisme ensemble, et il sait, par suite d'une longue expérience, quelles sont exactement les méthodes les plus effectives. Il y a un grand nombre de méthodes d'hypnotiser par suggestion, et à moins que vous n'ayez quelqu'un possédant une longue expérience, pour vous diriger, il est probable qu'il vous faudra des années pour apprendre quelles sont les méthodes les plus efficaces.

Hypnotisme par suggestion.

Le Prof. Woodworth, un hypnotiseur expérimenté de Chapman, Neb., dit : "Votre cours est l'unique cours scientifique par correspondance, vrai et tout-à-fait compréhensible que j'aie pu me procurer. La plupart des autres sont des imitations et une compilation de vieux bouquins sur le mesmérisme et le magnétisme animal. Votre cours traite complètement des différents sujets. J'ai des cours par correspondance de plusieurs autres écoles, mais je considère votre cours comme étant supérieur à tous."

De plus, le Dr. Sage vous dévoile toutes ses propres méthodes secrètes, les méthodes qui lui ont permis de faire le plus triomphal tour des Etats-Unis qui ait jamais été enregistré.

L'emploi des passes.

3. Nous indiquons comment hypnotiser par les passes. Beaucoup d'opérateurs, ne comprenant pas parfaitement cette méthode d'hyp- notisme, vous diront que les passes ne sont point effectives, mais ne vous laissez point tromper. Le Dr. Sage est universellement reconnu par tous les gens compétents comme le plus habile opérateur vivant, étant capable d'hypnotiser dans un espace de temps plus de personnes qu'aucun autre hypnotiseur connu. Il a rencontré beaucoup de sujets qui pouvaient être hypnotisés au moyen des passes quand les autres mé- thodes étaient absolument sans effet. Nous offrons le seul cours qui explique parfaitement cette méthode utile, et souvent très nécessaire, d'hypnotiser.

Procédés combinés pour hypnotiser.

4. Nous vous enseignons comment hypnotiser par une combinai- son de procédés, qui hypnotisera plus de personnes qu'aucun procédé simple. Notre cours est aussi le seul expliquant comment combiner les passes, la suggestion et les appareils mécaniques, de manière à pouvoir hypnotiser les sujets les plus rebelles. Ainsi nous vous met- tons en possession de la méthode d'un savant éminemment pratique qu'il vous est impossible d'obtenir ailleurs et qui n'a jamais été offerte au public.

Sans passes.

5. Nous vous enseignons comment hypnotiser sans faire une seule passe ou presque sans faire une suggestion. Un regard, une pensée, et le sujet tombe en catalepsie.

Mesmé- risme.

6. Nous expliquons complètement le mesmérisme, indiquant les meilleurs et les nouveaux procédés du mesmérisme et vous enseignant quelle est la différence entre le mesmérisme et l'hypnotisme.

Traitement magnétique.

7. Nous expliquons le traitement magnétique, ou l'emploi de ce qui est connu comme le magnétisme animal dans la guérison des maladies. Il y a un vaste champ pour cet ouvrage, à l'époque actuelle, dans le traitement des maladies chroniques et aigües. Des cas de mal de gorge, de tonsilitis, de dyspepsie, de nervosité, de diarrhée chronique, de surdité, de cécité, et de plusieurs autres ma- ladies, ont été guéris par ce remarquable pouvoir, quand tous les remèdes avaient échoué. Beaucoup de nos élèves réalisent de 50 frs. à 125 frs. par jour grâce à leur connaissance de cet art. En expli- quant ces différentes choses nous employons les noms le plus géné- ralement compris et nous vous indiquons comment obtenir des résultats

Hiram Ingalls, de Dongola, Wis,, dit : " J'avais trois autres cours quand j'ai reçu le vôtre. mais ils étaient tous incomplets. Je trouve qu'il ne manque rien à votre cours. Les autres ne peuvent lui être comparés. Si je ne pouvais obtenir de vous un autre cours, je n'ac- cepterais pas 5,000 francs pour celui que j'ai. J'offre 125 francs pour tout cas de rhumatisme que je ne pourrai guérir en trois traitements."

Jeunes gens hypnotisés qui, au commandement de l'opérateur,
deviennent incapables de fermer la bouche, quoiqu'ils
essayent de le faire de toutes leurs forces.

de même que nous vous donnons la théorie. Nos théories sur la cause réelle sont souvent très différentes des théories soutenues par la plupart des gens qui n'ont pas fait une étude attentive des sciences occultes.

Thérapeutique suggestive et psycho-thérapeutique.

8. Nous vous enseignous comment traiter les maladies par la thérapeutique suggestive et la psycho-thérapeutique Ces agents subtils ont guéri et guérissent encore des centaines de personnes déclarées incurables. Ce sont les agents les plus précieux qui soient connus dans le domaine de la médicine. Ils peuvent guérir l'ivrognerie, la morphinomanie, l'habitude des cigarettes, la constipation chronique, le rhumatisme, la névralgie, l'insomnie, l'incontinence d'urine, la débilité générale, la timidité, le manque d'énergie et des centaines d'autres maux. Aucun médecin ne peut se passer de cette science et toutes les mères devraient la posséder afin d'avoir le contrôle sur leurs enfants et de protéger leur santé.

Traitement mental.

9. Nous expliquons le procédé du traitement mental et comment se guérir soi-même. Cette partie de la thérapeutique a des milliers d'adhérents par tout le monde civilisé, et elle a été incontestablement le moyen d'empêcher des centaines de personnes de descendre dans la tombe. Elle guérit souvent quand tous les remèdes ont échoué.

Magnétisme personnel.

10. Nous expliquons le magnétisme personnel ou l'application inconsciente de l'hypnotisme. Cet enseignement seul vaut dix fois le coût du cours. Le Dr. Sage a consacré près de vingt ans a l'étude de cette phase particulière de l'hypnotisme. Il a acquis des connaissances sur ce sujet que personne au monde ne possède, à part ses élèves. Ceci dépend, peut-être, du fait qu'il a eu des avantages que d'autres n'ont pas eus.

A New York, il est constamment en rapport avec les hommes les plus éminents du pays, des hommes remarquables par leur influence magique sur les autres, et il s'est proposé comme but de découvirir quelles étaient les méthodes exactes que chacun avait employées pour atteindre le succès. Il a su dégager toutes ces méthodes et il vous donne sa grande expérience. Si vous voulez réussir dans la vie, si vous désirez influencer ceux avec qui vous venez en contact, vous ne sauriez vous passer de cette connaissance. Elle est offerte ici au public pour la première fois.

Rappelez-vous que ce ne sont pas toujours les hommes les plus instruits qui réussissent le mieux. La somme des connaissances que vous avez importe peu, vous n'aurez jamais de succès brillants dans

J. H. S. Morison, de Cumberland Gap, Tenn., dit : "Il y a à peu près trois ans, je suivis le cours personnel d'un hypnotiseur éminent, pour lequel je payai trois fois le prix que vous exigez, mais je n'eus jamais le courage de tentre une seule expérience jusqu'à ce que jeusse reçu votre cours. Mon succès dans le soulagement de la névralgie et pour la guérison de l'habitude de fumer m'a tout simplement étonné. je ne voudrais me départir de votre sours pour cent fois ce qu'il m'a coûté."

les affaires, dans une profession, en amour, ou en toute autre position qui vous met en contact avec la foule, à moins que vous ne sachiez comment influencer les intelligences. C'est une science. Il y a certaines lois fixes et prescrites qui, si vous vous en rendez maître et les suivez, vous procureront succès, fortune et bonheur.

11. Nous enseignons parfaitement comment enlever l'influence hypnotique. Nous vous indiquons comment éveiller un sujet quand un autre l'a hypnotisé et ne peut l'éveiller. Le Dr. Sage a éveillé beaucoup de personnes qui avaient été hypnotisées par d'autres personnes qui ne pouvaient les tirer de leur sommeil, et il explique les procédés exacts dont il se sert pour obtenir ce résultat. Nous garantissons absolument nos méthodes pour éveiller un sujet quelconque, et nous garantissons aussi qu'après que vous avez suivi notre cours vous pourrez enlever l'influence hypnotique dans toutes circonstances possible. Le Dr. Sage vous donne, pour éveiller les gens, des secrets infaillibles que vous ne pourriez trouver nulle part ailleurs.

Comment enlever l'influence hypnotique.

12. Nous vous enseignons comment hypnotiser instantanément. Ces méthodes ont émerveillé partout les hypnotiseurs et les foules. Les spectateurs peuvent à peine en croire leurs yeux. Vous ne pouvez concevoir la rapidité et l'absolue certitude de ces méthodes sans les avoir vues expérimentées. Le Dr. Sage a hypnotisé des centaines de personnes en un clin-d'œil et il vous dit comment il a fait, vous faisant connaître son merveilleux procédé secret, qui lui a coûté des années d'études et des milliers de francs.

Comment hypnotiser instantanément.

Beaucoup de personnes ne croient pas qu'il soit possible d'hypnotiser instantanément, mais le Dr. Sage a démontré à des milliers de personnes que cela peut être véritablement accompli. C'est un des nombreux exploits merveilleux qu'il accomplissait tous les soirs dans sa tournée à travers les Etats-Unis. Il prit toujours comme sujets pour cette merveilleuse expérience des personnes qui étaient bien connues et hautement respectées dans la ville où il donnait ses représentations, afin qu'il n'y eut aucun doute sur la vérité de ce qu'il faisait. Nous vous instruisons positivement de telle manière que vous pouvez hypnotiser instantanément. Un mot, un mouvement de la main et tout est fait. Vous serez étonné vous-même de ce que vous aurez accompli. Ces méthodes ont toutes été essayées et éprouvées et elles opèrent avec une absolue certitude. Beaucoup prétendent avoir des méthodes instantanées, mais leurs méthodes n'ont jamais été expérimentées en public, ou si elles l'ont été, elles n'ont ren-

Cette gravure représente le réveil d'un jeune homme hypnotisé, qui
est demeuré sous l'influence pendant sept jours, sans manger
ni boire, toutes les fonctions, excepté les fonctions
vitales, ayant été entièrement suspendues,

contré que l'insuccès. Ne vous y trompez point. Si vous désirez réussir, soyez certain que vous obtenez le cours qui a été essayé et dont l'efficacité a été prouvée.

13. Nous vous enseignons comment hypnotiser une personne pendant son sommeil naturel de manière à ce qu'elle s'éveillera le matin suivant sans avoir aucunement conscience d'avoir été hypnotisée. Elle ne saura point quels commandements vous lui aurez donnés, cependant elle les exécutera, croyant obéir à ses propres impulsions. *(Pour hypnotiser pendant le sommeil.)*

14. Nous vous enseignons comment vous hypnotiser vous-même et comment vous éveiller à n'importe quelle heure du jour ou de la nuit, selon que vous le désirez. *(Vous-même.)*

15. Nous vous expliquons comment vous pouvez mettre des personnes que vous avez hypnotisées sous le contrôle de quelqu'autre personne, qui ne connaît pas même l'hypnotisme. *(Autre personne.)*

16. Nous vous expliquons parfaitement ce qu'est la suggestion post-hypnotique et comment vous pouvez, en vous en servant, guérir les mauvaises habitudes, les maladies, etc. *(Suggestion post-hypnotique.)*

17. Nous avons fait une spécialité de faire connaître parfaitement aux élèves la suggestion post-hypnotique, mais, à moins d'une demande spéciale à ce propos, nous ne donnons que des informations générales sur ce sujet. Nous avons décidé d'en agir ainsi parce que certaines personnes avaient fait servir cette connaissance à des fins répréhensibles.

Il y a quelque temps un jeune homme du sud suivit notre cours, hypnotisa une jeune dame très riche de New-York, qui était de passage dans une place-d'eaux et lui fit la suggestion post-hypnotique qu'elle l'aimait et le marierait le jour suivant. La jeune dame, naturellement, ne soupçonna aucunement qu'une suggestion lui avait été faite et crut réellement qu'elle aimait le jeune homme et l'épousait en toute liberté de jugement. Les parents de la jeune dame furent très indignés lorsqu'ils apprirent que leur fille avait véritablement épousé un homme d'une classe aussi inférieure à la sienne, mais le jeune couple vit toujours ensemble, très heureux. Cependant, nous n'approuvons pas la méthode employée par le jeune homme pour conquérir son épouse. *(Mauvais usage du pouvoir.)*

Une fille qui était employée dans une famille très riche de New-York comme garde-malade, hypnotisa le fils de son maître, pendant qu'il était malade, et lui fit des suggestions post-hypnotiques, indui-

Hypnotisa son mari.

sant le jeune homme à la demander en mariage et à l'épouser peu de temps après son rétablissement. Le jeune homme crut réellement qu'il aimait cette fille et que son bonheur ne serait point complet sans elle. Une dame de Kansas City suivit notre cours, hypnotisa son mari et au moyen d'une suggestion post-hypnotique l'induisit à lui céder tous ses biens, après quoi elle refusa de vivre avec lui.

Nous pourrions mentionner beaucoup d'autres cas semblables, mais nous croyons que les cas ci-dessus sont suffisants pour convaincre tout lecteur intelligent que nous avons raison de ne point mettre à la portée de tous une telle science, et, dorénavant, ceux qui désirent **Usages convenables.** posséder cette instruction devront en faire une demande spéciale, mentionnant dans quel but ils désirent la posséder. Si c'est dans le but de corriger des défauts, chez les enfants, de réfréner l'ardeur du caractère, pour prédisposer les enfants à l'étude, ou pour tout autre motif bienfaisant, l'instruction sera donnée. Nous donnerons cette iustruction aux épouses ou aux maris qui désirent l'employer à reconquérir l'affection perdue de l'autre, mais nous refuserons positivement de la donner à ceux qui désireront l'employer pour forcer quelqu'un à les épouser, ou pour obtenir des biens ne leur appartenant pas, ou toute autre chose de cette nature. Nous n'exigerons pas de frais supplémentaires pour cette instruction. Elle est donnée gratuitement avec le cours à ceux qui le désirent pour des motifs avouables.

Séance amusante.

18. Nous vous expliquons comment donner les séances les plus récréatives et les plus appréciées. Des centaines de nos élèves donnent des séances dans les salons pour lesquelles ils reçoivent 125 francs par soirée; plusieurs autres voyagent donnant des représentations publiques et réalisant des milliers de francs tous les ans. Il n'y a pas de raison pour que vous ne fassiez de même si vous le désirez.

Comment hypnotiser tout un auditoire.

19. Nous vous enseignons comment hypnotiser tout un auditoire, ou un seul individu.

20. Nous vous expliquons la méthode d'hypnotiser un homme dans une foule ou de le faire sortir d'un auditoire en le désignant du doigt.

Extraction d'une dent sans douleur.

21. Nous vous indiquons comment extraire une dent ou faire tout autre opération chirurgicale, sans douleur, sous l'influence hypnotique.

Soulage la douleur.

22. Nous vous enseignons comment soulager en toutes circonstances.

Hypnotisme par la poste.

23. Nous vous enseignons comment hypnotiser par téléphone, télégraphe ou par la poste.

Leon Oliver, de Lakehurst, N. J., dit: " J'ai reçu votre cours il y a quelque temps. Je désire vous dire qu'il est supérieur à tout ce que j'ai vu sur ce sujet, et je me servirai de vos méthodes et je les recommanderai de préférence à toutes autres. Le cours est complet dans tous ses détails, et quiconque désire connaître ces sciences ne pourrait faire mieux que de suivre votre cours. Je serais heureux de dire à tous ce que j'en pense."

Ces jeunes gens éprouvent toutes les sensations d'une excitante glissade en "toboggan." Sous l'influence hypnotique n'importe quelle hallucination peut être créée.

A distance.

24. Nous vous expliquons le plus nouveau procédé d'hypnoti-sation à une distance de 1000 milles et la manière d'éveiller le sujet à la même distance.

Catalepsie.

25. Nous vous indiquons comment produire l'état cataleptique, et comment accomplir des expériences merveilleuses.

Clairvoyance et divination.

26. Nous expliquons les méthodes les plus récentes et les meilleures pour produire la clairvoyance, ou la vue à distance, la divination, etc. Nous donnons les meilleurs renseignements connus sur la manière d'influencer les personnes de manière à ce qu'elles puissent localiser les objets perdus ou cachés, découvrir les projets de meurtres, vols, etc. Nous vous enseignons aussi comment vous pouvez vous mettre dans cet état. Beaucoup de personnes exigent 250 francs pour ces seules méthodes.

Controle sur personne éveillée.

27. Nous vous enseignons comment hypnotiser une personne et lui faire accomplir vos volontés quoiqu'elle demeure consciente. Très peu de personnes donnent cette information.

Les procédés les plus rapides connus.

28. Nous vous enseignons comment endormir une personne du sommeil hypnotique par les procédés les plus rapides et les plus certains, vous faisant connaître des méthodes précieuses que vous ne trouverez nulle part ailleurs.

Nous vous faisons aimer.

29. Nous vous expliquons comment vous pouvez obtenir l'affection et la protection des personnes que vous désirez, de telle sorte qu'elles vous aimeront et feront tout pour vous plaire.

Charme des manières.

30. Nous vous enseignons comment acquérir cette influence magnétique particulière qui donne à l'individu des manières séduisantes et un pouvoir fascinateur qui lui mériteront certainement et lui conserveront le respect et l'admiration des personnes avec lesquelles il vient en contact.

Spécial pour les dames.

Nous ne pouvons décrire au moyen de mots les grands avantages et les possibilités de cette force particulière. Si toutes les dames connaissaient ce sujet, les troubles domestiques, les épreuves et les déboires de ce monde seraient pratiquement bannis et nos cours de divorce pourraient prendre une vacance perpétuelle. Il y a des dames qui se marient, ne possédant pas l'influence magnétique, et après que leur maris ont vécu avec elles quelques mois tout amour est disparu et un nuage obscurcit leur bonheur conjugal. Le mari cesse bientôt de s'occuper de sa femme et il en résulte une vie malheureuse ou le divorce. Obtenir et conserver l'estime et l'affection des autres est un art, une science, que vous pouvez apprendre et appliquer avec des résultats qui vous étonneront vous-même. Ceci est le secret de cette influence étrange et inexplicable que quelques personnes exercent sur d'autres. Cette science vous dévoilera plusieurs des secrets mystérieux de la vie. Vous verrez les gens et vous les comprendrez comme vous ne les avez jamais compris auparavant. L'intelligence de l'homme est une harpe à mille cordes, absolument implacable pour la main qui en tire de faux accords, mais d'une soumission suprême à la main habile qui sait faire vibrer à l'unisson les cordes harmonieuses de la vie. *(Comment mériter l'estime et l'affection des autres.)*

31. Nous vous enseignons comment vous servir de votre puissance de volonté pour influencer et hypnotiser les personnes. *(Puissance de volonté.)*

32. Nous vous expliquons comment produire l'anesthésie de manière qu'il soit possible de transpercer avec une aiguille les bras, les lèvres ou la figure du sujet sans qu'il éprouve la moindre douleur. *(Anesthésie.)*

33. Nous vous enseignons comment empêcher les autres personnes d'exercer une influence sur vous. *(Empêche les autres de vous influencer.)*

34. Nous expliquons les méthodes employées pour influencer les gens assis à une table, en face de vous, voyageant dans un tramway, ou qui se trouvent sur la rue.

35. Nous expliquons comment l'on a pu forcer des personnes à signer des billets, des chèques, des hypothèques, etc., afin que vous puissiez comprendre parfaitement comment cela se fait, et que vous soyez un obstacle puissant à l'accomplissement de telles actions de la part de personnes peu scrupuleuses. *(Comment l'on fait signer des chèques et des billets.)*

36. Nous indiquons comment l'on force des gens à faire des testaments en faveur de certaines personnes. Des centaines de testaments ont été faits contrairement à la volonté véritable du testateur, le subtil pouvoir de l'hypnotisme ayant joué secrètement son rôle merveilleux dans leur préparation. Personne, cependant, ne devrait apprendre l'hypnotisme dans le but d'influencer les gens en ce qui concerne la disposition de leurs biens. *(Comment l'on fait faire des testaments.)*

37. Nous vous enseignons comment hypnotiser des sourds-muets.

38. Nous vous expliquons comment fasciner les animaux. *(Animaux.)*

39. Nous vous indiquons comment agir sur vos sujets de manière à ce qu'aucun autre hypnotiseur ne puisse les influencer.

40. Nous vous enseignons comment vous pouvez vous soustraire, et soustraire toute autre personne, à l'influence de qui que ce soit. *(Méthodes employées par les médecins.)*

41. Nous expliquons les méthodes employées par les plus célèbres médecins du monde dans le traitement de leurs patients au moyen de l'hypnotisme.

42. Nous expliquons quels sont les effets précis de l'hypnotisme sur l'intelligence du sujet.

43. Nous vous enseignons comment vous pouvez accélérer ou ralentir les pulsations du pouls d'un sujet.

44. Nous expliquons comment les battements du cœur peuvent être accélérés ou ralentis.

Rire, rougir ou pleurer.

45. Nous vous enseignons comment faire rougir, pleurer ou rire un sujet.

46. Nous vous disons comment vous pouvez accroître la susceptibilité d'un sujet.

47. Nous vous enseignons les méthodes de mettre un sujet dans un état cataleptique pendant sept jours.

Pour faire de l'argent.

48. Nous vous donnons des instructions pour guérir les maladies au moyen desquelles vous pourrez gagner de 50 à 125 francs par jour, tant que vous vivrez.

Pour obtenir un emploi.

49. Nous vous donnons des instructions qui vous permettrons d'obtenir un emploi, si vous êtes inoccupé, ou si vous avez une position, d'obtenir de l'avancement et une augmentation de salaire.

50. Nous vous montrons comment les guérisseurs mystiques et autres ont souvent opéré des guérisons qui semblaient miraculeuses.

51. Nous vous enseignons aussi des centaines d'autres choses que nous ne pouvons énumérer ici, faute d'espace.

52. Nous vous indiquons comment façonner, au moyen de l'hypnotisme, l'intelligence des enfants de manière à ce qu'ils puissent dominer leurs prédispositions au mal et développer leurs tendances vers le bien.

Développe la mémoire.

53. Nous vous enseignons le moyen de développer la mémoire chez vous ou chez les autres.

54. Nous vous expliquons comment accroître vos facultés mentales et comment vous dominer, aussi comment vous pouvez vaincre la timidité.

Il n'y a aucune information ayant rapport à la science de l'hypnotisme que nous ne vous donnions sous sa forme la plus complète et la plus nouvelle. Ainsi, si vous ne trouvez pas indiquées ici des

Les meilleurs qu'il soit possible d'obtenir.

choses sur lesquelles vous désirez des informations, écrivez-nous, expliquant exactement ce que vous désirez savoir et nous vous fournirons, sur ce point particulier, les renseignements les meilleurs et les plus récents.

Ne confondez pas notre cours avec celui donné par des hypnotiseurs illettrés.

Notre cours est strictement original, complètement différent de tout ce qui est offert par d'autres, et il est absolument protégé par l'enregistrement.

COURS D'INSTRUCTION.

S I vous avez une raison quelconque d'entreprendre l'étude du magnétisme personnel, de l'hypnotisme et des branches alliées des sciences occultes, vous avez toutes les raisons d'obtenir l'instruction la plus complète sur ce sujet. Une connaissance parfaite place véritablement et absolument un homme au-dessus des autres. Rappelez-vous "qu'une instruction médiocre est chose dangereuse." Les livres qui sont composés d'un assemblage de faits sans liaison, l'instruction qui erre et vous trompe, ne tendent qu'à rendre incompréhensible un sujet qui serait autrement simple et facile.

Il n'y a pas d'art ou de science difficile à acquérir si vous l'étudiez d'une manière logique. Ceci est particulièrement vrai quand il s'agit des sciences occultes. En conséquence, vous devez à vous-même, si vous voulez faire de réels progrès, d'étudier le meilleur enseignement de l'époque et de vous y appliquer avec intelligence. Le livre au texte idéal inculque à un élève intelligent la connaissance de cette science aussi facilement que la pierre philosophale devait changer en or tous les métaux qu'elle toucherait.

L'instruction, pour avoir de la valeur, doit être intelligible. Vous n'obtiendriez aucun profit, si les pensées de la plus grande autorité au monde vous étaient présentées en un langage que vous ne comprendriez pas.

Pour obtenir le plus grand succès possible, l'instruction doit être non seulement complète, claire et intelligible, mais elle doit avoir aussi un caractère personnel. Il y a un avantage incalculable à suivre le cours,—particulièrement quand il s'agit de magnétisme personnel et d'hypnotisme,—d'une institution qui est non seulement capable de vous prêter assistance, mais qui est toujours en mesure de vous éclairer dans les passages difficiles. Vous avez toujours quelqu'un à qui vous pouvez soumettre les questions qui vous embarrassent.

Le "New York Institute of Science" place entre les mains de ses élèves trois cours d'instruction distincts et compréhensibles et un ouvrage descriptif sur l'origine et le développement de l'hypnotisme.

Le Dr. P. Kennicutt, 8 rue Bronson, Binghamton, N. Y., écrit : "Quand je reçus votre cours je souffrais beaucoup de prostration nerveuse. Depuis quatre ans j'étais incapable de faire aucun travail ou affaire, et la science médicale était confondue par mon cas. J'avais presqu'abondonné toute espérance quand je commençai à étudier votre cours et à faire des expériences sur moi-même. En moins d'une semaine j'avais un meilleur estomac que je n'avais eu depuis trente ans. Je mangeai tout ce que je désirais sans re,sentir de malaise."

Ces ouvrages sont :

(1), *Un Cours de Magnétisme personnel et d'Hypnotisme par correspondance,* par le Dr. X. La Motte Sage, A. M., Ph. D., LL.D., un traitement des plus complets et des plus compréhensibles ; le résultat des années d'études et d'expériences du plus grand des hypnotiseurs vivants. L'ouvrage est admirablement fait et présente d'une manière claire et concise tous les sujets ayant rapport au magnétisme personnel et à l'hypnotisme. Les instructions données pour développer la puissance sont explicites et absolument exactes. Le cours est illustré à profusion des plus belles photogravures montrant partout les positions exactes du sujet et de l'opérateur. Dans l'exécution de ce chef-d'œuvre, le Dr. Sage a été matériellement aidé par les éminents psychologues et savants qui composent la faculté du " New York Institute of Science."

(2). *Un Cours supérieur d'Hypnotisme, de Magnétisme personnel, Thérapeutique suggestive et Traitement magnétique,* par le Dr. X. La Motte Sage, A.M., Ph. D., LL.D. Comme son titre l'indique, ce livre est destiné à ceux qui se sont rendus maîtres des éléments de la science, et qui sont plus avancés dans la voie du progrès. Tous les sujets sont complètement traités dans une série de vingt leçons, et ce livre sera toujours considéré comme un modèle pour son texte. Les nombreux sujets sont magnifiquement illustrés par des gravures demi-ton, et ce que l'on peut dire de mieux du livre, c'est qu'il a mérité l'approbation universelle et des éloges pompeux, non-seulement des élèves qui s'en sont servis, mais des principales autorités psychiques.

(3). *Un Cours d'Hypnotisme,* par le Rév. J. S. Wharton, M.D.. Dans son cours le Dr. Wharton donne un aperçu particulièrement satisfaisant des sciences occultes et met en lumière plusieurs points obscurs qui pourraient embarrasser un commençant. Son cours est caractérisé par la clarté de la phrase et de la pensée, et les méthodes qu'il préconise sont de celles qui produisent les meilleurs résultats. Ce cours est particulièrement désigné pour les débutants. Il a été accueilli favorablement dès sa publication. Le Dr. Wharton, qui est gradué du " Jefferson Medical College," Philadelphie, Pe., et qui a consacré plusieurs années à la prédication de l'évangile, est reconnu comme une des meilleures autorités vivantes sur les usages de l'hypnotisme en médecine.

Sans distinction envieuse, nous pouvons dire en toute vérité, que

M. A. Cook, 75 10ème Avenue Ouest, Columbus, O., écrit : "Je ne puis qu'être reconnaissant du grand bien que m'a fait votre cours. Je ne suis plus le même homme que j'étais il y a deux mois. Je jouis maintenant de la vie. Je puis vaquer à mes occupations. Tout me semble facile et je fais plus que je n'ai jamais fait. Je constate qu'il y a plus en moi que je ne croyais, Il donne une force de caractère qu'il serait impossible de posséder autrement."

ces cours sont le plus bel exposé des sciences occultes qu'il soit possible d'obtenir de nos jours. Les succès de 150,000 élèves répandus par tout le monde civilisé témoignent de leur valeur. L'instruction qu'ils donnent est complète et compréhensible, et ce qui est mieux, elle est complétée par l'instruction personnelle de la faculté du "New York Institute of Science." Vous avez la science et l'expérience combinées des meilleures autorités de l'époque, et de plus vous avez le privilège de leur instruction personnelle par une correspondance directe. Vous pouvez toujours écrire au Dr. Sage ou à un des professeurs quelconque de sa faculté et vous aurez leur opinion sur toute question ou difficulté. Le "New York Institute of Science" est toujours en contact avec ses élèves. Sa gloire est formée de leurs succès.

Harry H. Johnson, de Plymouth, Mass., Boîte 665, dit : "Depuis que je suis votre cours, j'ai pu constater la vérité de vos prétentions. J'ai vu plusieurs autres cours et j'ai étudié la thérapeutique suggestive pendant deux ans, mais je n'ai jamais obtenu autant, pour le prix, que ce qui est contenu dans votre cours. J'ai guéri de maladie de cœur une dame âgée de 60 ans. Son nom et son adresse sont : Mde Lucy M. B. Grennell, Oak Ridge, Plymouth, Mass."

L'on trouve de nos élèves heureux dans toutes les parties du monde civilisé. Un seul courrier nous a apporté les portraits et lettres de recommandation de ces cinq messieurs. Ils représentent dans lemonde entier, la classe de personnes qui sont intéressées dans le magnétisme personnel.

ORGANISATION DU "NEW YORK INSTITUTE OF SCIENCE"

LE "New York Institute of Science" est une institution possédant une charte régulière, organisée sous les lois de l'Etat de New York, avec un capital payé de $50,000 (250,000 frs.) L'Institut fut organisé dans le but de propager une instruction recommandable, scientifique, du magnétisme personnel, de l'hypnotisme et des sciences y ayant rapport.

Dans le but de lutter contre l'influence pernicieuse de prétendus hypnotiseurs et de donner au public une idée exacte de l'hypnotisme, une assemblée qui était composée des principaux hypnotiseurs et savants dans les sciences occultes, de toutes les parties du pays, fut tenue. A cette assemblée, il fut unanimement reconnu que le mal résultant de l'encouragement donné à de faux hypnotiseurs par le public, pourrait être le mieux combattu par l'établissement d'un institut de haute classe offrant au public une instruction recommandable et des méthodes modernes au lieu des anciens procédés anti-scientifiques enseignés par les charlatans.

Le Dr. X. La Motte Sage, la plus grande autorité vivante sur toutes les matières ayant rapport à l'hypnotisme et à l'influence hypnotique, fut élu président de l'institut et chargé de préparer un cours d'instruction par correspondance. Le succès de ce cours fut instantané. Les gens furent émerveillés des résultats qu'ils obtinrent, après quelques heures d'étude seulement, des méthodes du Dr. Sage.

L'Institut a rendu l'hypnotisme populaire en le plaçant sur une base complètement scientifique et en le rendant utile à tous ceux qui s'en rendent maîtres. L'enrôlement de plus de 150,000 élèves heureux prouve la sagesse de ceux qui ont organisé l'Institut.

COUP-D'ŒIL SUR LE "NEW YORK INSTITUTE OF SCIENCE."

COMMENT L'ON NOUS CONSIDÈRE.

(Reproduit, par permission, du "Rochester Daily Times.")

Rochester devient rapidement un grand centre d'éducation. Ce fait est un de ceux dont nous devons être fiers, et il y a de plus l'avantage du prestige considérable que donne à la ville une telle distinction. C'est une ville ayant des universités et

S. R. King, M. D., de Gilliam, Mo., écrit : "Je suis satisfait de votre cours. Les maux de tête, les douleurs de reins chroniques sont guéris comme par magie. Votre cours de magnétisme personnel est tout simplement merveilleux."

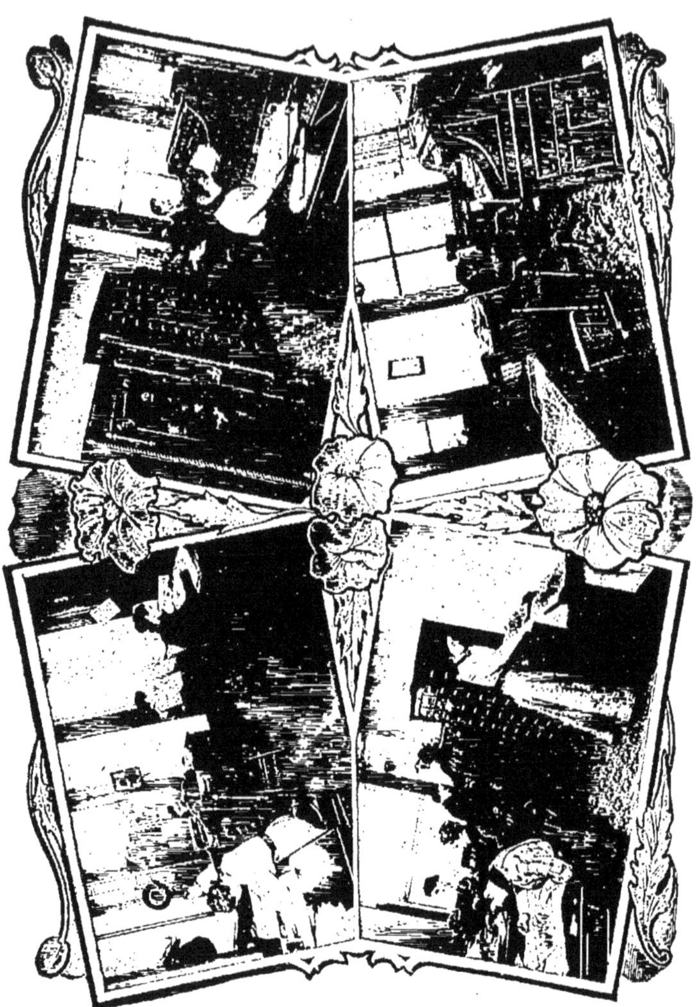

des séminaires et elle est renommée pour les tendances intellectuelles de sa population. Parmi les nombreuses institutions d'enseignement dont la Cité des fleurs s'énorgueillit le "New York Institute of Science" occupe une des premières places dans l'esprit de cette population intelligente et cultivée. Ceci est dû en partie aux matières supérieures qu'enseigne l'institution, et partie à la réputation de haute compétence dont elle jouit. La haute opinion que l'on a du "New York Institute of Science", à Rochester, devrait être suffisante pour satisfaire ceux qui ne connaissent pas son étendue et son but, son véritable caractère et sa position. Beaucoup de personnes, par tout le pays, n'ont qu'une idée générale de cette institution. Elles connaissent et apprécient son existence sans comprendre la grande œuvre qu'elle accomplit.

Au début, je dois avouer que je n'avais qu'une idée très incomplète de la véritable magnificence de l'établissement que j'avais mission d'étudier. Je savais qu'il était reconnu comme un des principaux collèges du pays consacré à l'enseignement des sciences pour le développement du caractère, telles que le magnétisme personnel, l'hypnotisme, la thérapeutique suggestive, la vitaopathie et autres sujets y ayant rapport ; qu'il possédait une grande faculté composée de savants d'une grande renommée. Quant à l'étendue ou la nature de l'instruction donnée ou au nombre des élèves qui suivent ses cours, j'étais dans une absolue ignorance.

Le "New York Institute of Science" a de magnifiques appartements dans l'édifice "Ellwanger and Barry". L'établissement est complet sous tous rapports. Le visiteur ne peut manquer d'être impressionné par l'atmosphère toute intellectuelle dont il se sent imprégné. L'on me conduisit vers le bureau du Dr. Sage, président de l'institut, et je fus peu après introduit en présence de ce Monsieur. Le Dr. Sage est reconnu comme ayant une grande affabilité dans ses rapports sociaux, et sa réputation de savant en cette ville, donne un ton de vérité parfaite à toutes les déclarations qu'il peut faire. Ayant appris le but de ma visite, le Docteur me dit : "Vous pouvez poser toutes les questions que vous désirerez concernant notre établissement et nous y répondrons avec empressement. Nous désirons que tous connaissent l'exacte vérité concernant notre œuvre. Quoique cela ne vous intéresse probablement pas, cependant il peut être bon de mentionner en passant que le "New York Institute" est une compagnie dûment incorporée ayant un capital de $50,000. (250,000 francs) ayant pour but l'enseignement, et la publication d'ouvrages ayant rapport aux sciences occultes".

Pendant que le Dr. Sage parlait, j'eus le loisir de jeter un coup-d'œil autour de son bureau,—ou plutôt son étude. Il a l'apparence de la demeure d'un étudiant soigneux ; du cabinet de travail d'un savant qui est de son siècle. Tout révèlait sa méthode et son système. Sa bibliothèque était remplie d'ouvrages sur la psychologie et autres sujets se rapportant aux plus hautes branches de l'enseignement.

"Vos élèves sont pour la plupart instruits par correspondance, n'est-ce pas ?" demandai-je.

"Oui," répliqua le Dr. Sage, "nous donnons notre instruction à à peu près 150,000 élèves disséminés par tout l'univers. Il est vrai que nous en instruisons plusieurs centaines qui viennent à nous, mais c'est le petit nombre comparé au nombre total de ceux qui sont enrégistrés. Nous envoyons à nos élèves des leçons régulières sous forme de lettres, leur enseignant comment ils peuvent se rendre maîtres du grand art du magnétisme personnel et de la science qui en est la base, l'hypnotisme".

"Vous ai-je entendu dire que vous envoyez vos instructions à 150,000 élèves ?" lui demandai-je avec étonnement.

"Oui, nous avons même dépassé ce nombre maintenant", dit le docteur, "et nous nous tenons en rapports continuels avec tous. La chose nous est rendu possible au moyen de l'imprimerie et du clavigraphe. Nous employons à peu près soixante clavigraphistes et notre courrier, lettres reçues comme lettres expédiées, est trois fois plus considérable que celui de n'importe quelle autre maison de Rochester. J'ai étonné un jeune agent, il y a quelques jours, en lui donnant une commande pour quarante-cinq clavigraphes. Cette commande, m'a-t-il dit, est la plus considérable qui ait jamais été donnée en cette ville, pour ces machines".

"Dr, Sage", hasardai-je, "l'utilité de posséder le magnétisme personnel ou l'hypnotisme est généralement reconnue, mais vous devez avoir beaucoup d'insuccès en communiquant aux autres le merveilleux pouvoir".

"Je crains que votre idée ne soit communément acceptée, mais elle n'est point correcte", répondit le docteur. "Elle resulte incontestablement de l'ignorance ou

Edward H. Germann, de l'avenue Norman, Brooklyn, N. Y., écrit : "Votre cours est au-dessus de toutes mes espérances. J'avais toujours cru qu'un instructeur personnel était nécessaire. Toute personne peut apprendre à hypnotiser en lisant votre cours attentivement une fois. Ayant que j'eusse complété la première partie (il ne me fallut que deux jours) j'essayai d'hypnotiser pour la première fois et je réussis. Ceci indique les mérites de votre cours."

l'on est concernant nos méthodes d'enseignement. Nous n'inculquons point aux personnes la puissance du magnétisme personnel. Tout être humain naît ayant en lui ce pouvoir à l'état latent. Nous lui enseignons comment le développer."

"A quelles classes de la société appartiennent vos élèves ?" fût la question que je posai.

"Jusqu'à présent nous avons été très heureux à intéresser les membres du clergé, les médecins, les avocats et les hommes de profession—penseurs avancés. Il semble qu'il y a une tendance très marquée de la part des gens de toutes classes à embrasser l'étude de ce pouvoir mystérieux et puissant. Le nombre des hommes et des femmes qui apprennent tous les jours ce dont ils se privent en ne connaissant pas les usages de ce pouvoir s'accroît".

A ce moment le Professeur Thomas F. Adkin, vice-président du "New York Institute of Science" et doyen du "New York Institute of Physicians and Surgeons", entra.

Le Professeur Adkin est un savant qui a consacré sa vie à l'étude de la science de l'hypnotisme. Il a découvert le fameux traitement Vitaopathique de Adkin, pour la maladie, et il est une autorité reconnue sur tous les sujets ayant rapport à l'occultisme. L'accueil du professeur Adkin fut des plus affables et il se joignit à la conversation.

"Remarquez-vous un accroissement appréciable de l'intérêt général que l'on porte au sujet que vous enseignez ?"

"Un merveilleux accroissement," répliqua le Prof. Adkin. Il semble que le monde s'est tout-à-coup rendu compte du pouvoir subtil de l'hypnotisme. Notre siècle est un siècle de progrès" continua-t-il, "et l'homme seul s'accroître son goût de l'étude des choses méthaphysiques. Il se lance dans l'inconnu et cherche à se rendre maître de ce qu'il ne connaît point."

Craignant que la discussion ne me conduisit trop loin. je demandai s'il était permis aux visiteurs de faire une inspection de l'Institut. Le Dr. Sage et le Prof. Adkin m'exprimèrent le plaisir de l'intérêt que manifestait ma requête et le Professeur Adkin s'offrit pour m'accompagner,

Les illustrations qui accompagnent cet article et que je puis donner, grâce à la courtoisie du prof. Adkin, ne représentent que faiblement l'Institut. Il n'est pas non plus possible de faire une description juste, par des mots, de l'étendue de l'établissement et du travail qui s'y fait. La salle de réception du courrier, la salle d'expédition, le département du caissier, sont des modèles comme système et précision. J'ai vu le fonctionnement intérieur de plusieurs grandes maisons d'affaires, mais pour l'exactitude et la minutie dans les détails, rien ne peut être comparé à ceci. Je traversai la bibliothèque, le laboratoire, le département de la clinique et les appartements où se trouvent les jeunes filles clavigraphistes. Il régnait partout une très grande activité, cependant il n'y avait aucun indice de confusion.

Les commis allaient, de-ci de-là, posant des questions ou y répondant, le bruit des clavigraphes résonnait joyeusement et l'atmosphère était tout imprégnée d'activité industrieuse.

A l'autre étage, ce fut une scène de quiétude, quoique le travail fut aussi evident. Là, se trouvent des appartements très bien meublés ; quelque vingt bureaux variés, consacrés aux membres de la faculté et à leurs assistants. C'est là que s'accomplit l'oeuvre véritable du " New York Institute of Science ". Là, l'instruction personnelle est préparée et de remarquables découvertes scientifiques ont été faites. La renommée du "New York Institute" s'est fondée sur le travail qui a été fait dans ces appartements.

En réponse à une remarque élogieuse, que je fis, le Prof. Adkin me remercia en souriant et dit : " La persévérance est le prix du succès dans ceci comme dans toute chose. Nous avons lutté pendant des années pour attirer l'attention du monde sur les merveilles du magnétisme personnel et de l'hypnotisme. Sans nous laisser abattre nous avons combattu pour le triomphe des idées supérieures. Nos efforts ont été à la fin récompensés, et cela à eu pour effet de nous imposer un travail plus ardu, pour obtenir d'autres succès des sciences que nous enseignons".

Quoique j'aie eu le plaisir de rencontrer plusieurs des Messieurs qui composent la faculté, je suis obligé de renoncer au plaisir de rapporter les choses intéressantes qu'ils m'ont dites. A ma demande le Prof. Adkin permit la publication de la liste suivante des membres de la faculté et des officiers du "New York Institute of Science," qui ne saurait manquer d'intéresser tous les citoyens de Rochester.

> J. B. Forney, de Adel, Iowa, écrit : "Je désire recommander votre cours à tous mes amis, car je le considère supérieur à tous les cours qui ont été publiés. Je fus en état de pratiquer deux semaines après que je l'eus reçu, et je crois que tous peuvent faire de même. Je ne comprends pas comment vous pouvez donner autant pour si peu d'argent."

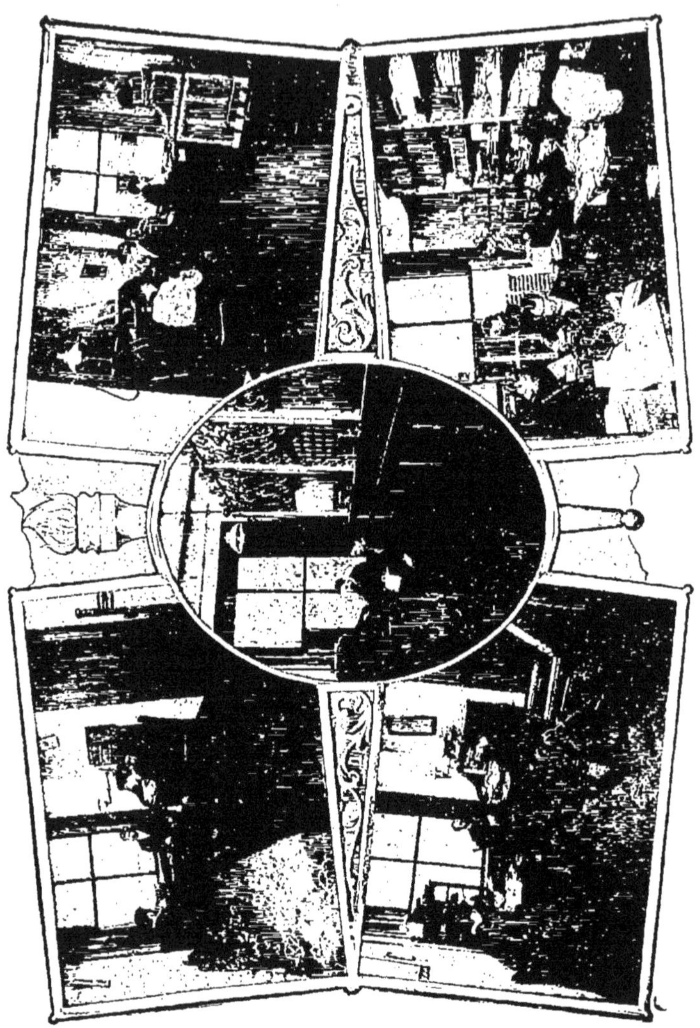

FACULTÉ ET OFFICIERS.

X. LA MOTTE SAGE, A.M., PH.D., LL.D., Président.
(Ci-devant de New York.)
Éditeur en chef du cours par correspondance, et professeur de magnétisme personnel, Psychologie, et aussi de l'usage et du développement de la force de volonté comme facteur pour influencer les personnes.

THOMAS F. ADKIN, Vice-Président et Trésorier.
Professeur de Vitaopathie, Traitement Magnétique, Magnétisme personnel, Suggestion mentale, et dans l'art de donner des représentation publiques.

CHAS. S. CLARK, M.A., 2ème Vice-Président et Gérant Général.
Directeur du cours d'instruction par correspondance et Professeur spécial de Psychologie et de Méthaphysique, et de l'usage et du développement de la force de volonté.

L. B. HAWLEY, M.D.,
(Gradué du Collège Médical de Chicago.)
Chirurgien-consultant en chef et Professeur de Thérapeutique Suggestive, Hypnotisme et Magnétisme personnel

S. DUTTON WHITNEY, M.D.,
(Gradué de l'Université de Baltimore.)
Médecin-consultant et chirurgien, Professeur de Psychologie, Thérapeutique suggestive et Vitaopathie.

CHAS. B. WESTOVER.
Professeur de Thérapeutique suggestive, Vitaopathie, Hypnotisme, Magnétisme personnel et Télépathie, aussi de l'art de donner des représentations publiques.

D. A. DOBIE, M.D., C.M.,
(Gradué de l'Université de Toronto.)
Professeur de Thérapeutique suggestive, de Psycho-thérapeutique, et de toutes les applications de l'Hypnotisme à la Chirurgie

WM. KELLER, M.D.,
(Gradué du Collège Médical de St-Louis et de l'Université de Berlin.)
Professeur d'Hypnotisme théorique et pratique, comme agent pour la guérison des maladies humaines, et de ses usages dans la Chirurgie et l'art dentaire.

ALBERTA LEE,
Professeur de Traitement Magnétique, et de l'usage de l'Hypnotisme dans le traitement des maladies des femmes.

OGLA HELENA SAGE,
Professeur d'Hypnotisme théorique et pratique, et de la Suggestion dans le développement des Facultés mentales et la correction des mauvaises habitudes.

FRED. W. TOWNSEND,
Gérant général de la correspondance.

H. OSBORN,
Gérant de la Correspondance pour les États de l'Est et de l'Ouest.

Arthur A. Greene, de Ashaway, R.1, écrit : "Je ne puis trop recommander votre cours, il est si facile à comprendre par votre système."

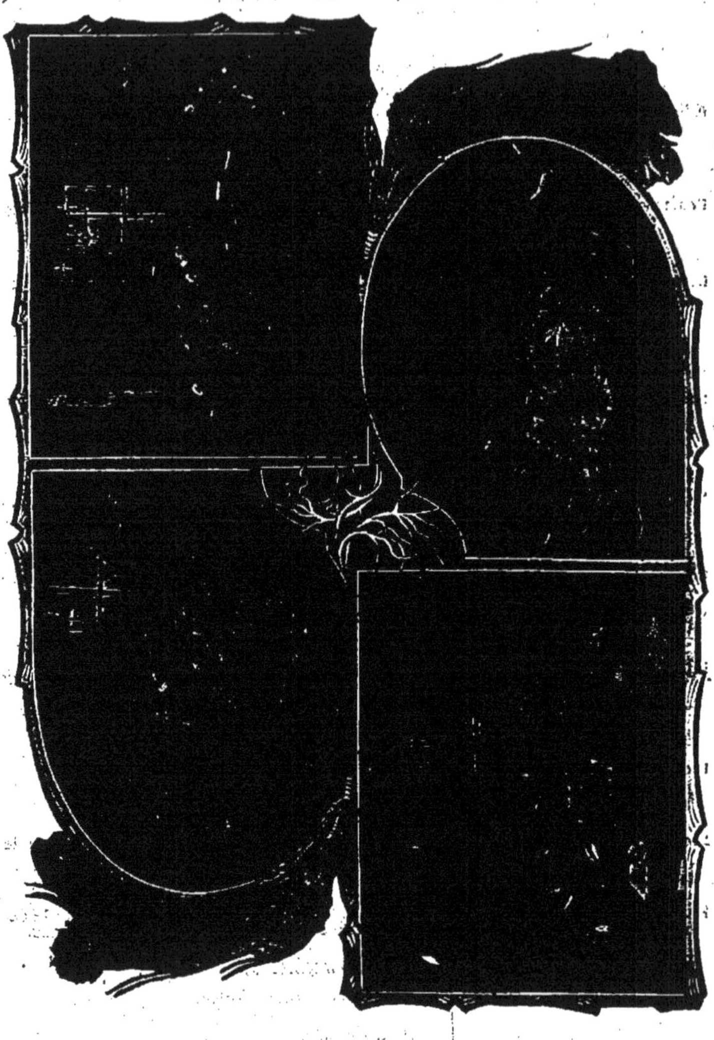

F. O. LANGDON,
Gérant de la Correspondance étrangère.

F. L. POTTER,
Gérant de la Correspondance pour les Etats du Centre et de l'Ouest.

A. BRESEL,
Editeur du Département de Publication et Secrétaire Privé du Gérant Général.

A. M. WHITE,
Editeur et Correcteur d'Epreuves, Département de la Correspondance.

B. L. TRAUB,
Auditeur.

A. J. HOCKLEY,
Surintendant,

J. MICHELS,
Assistant Surintendant,

J. M. DALEY,
Surintendant des Malles,

E. B. SARGENT,
Régistrateur des Matricules,

V. WATERS,
Chef du Departement de l'Examen.

J. M. SALTER,
Gérant du Département des Sténographes.

K. A. McCORMICK,
Teneur-de-Livres en chef.

E. SHOVLAN,
Assistant Teneur-de-Livres.

A. HORN,
Caissier.

J. ALLMAN,
Interprète pour le Français et l'Allemand.

Outre les officiers ci-dessus il y a un corps complet d'assistants-professeurs et de professeurs, soixante sténographes, et deux cent cinquante commis.

Le Juge Samuel H. Nash, de Richland, Texas, dit : "Depuis que je suis votre cours la vie me semble nouvelle ; un autre monde m'est dévoilé et je vois tous les jours mon influence et mon pouvoir s'accroître. Je comprends maintenant comment un être humain est sans défense sans la connaissance de ces sciences merveilleuses. Il révèle véritablement les secrets de la vie et les mystères de la nature."

 COMMENT ME DECIDER. 

OUS recevons quelquefois des lettres de personnes déclarant que d'autres prétendent avoir les meilleures méthodes et les seules originales. Dans cette occurrence, nous désirons déclarer que notre enseignement et la renommée de notre cours sont tels que nous ne voyons pas la nécessité de consacrer des colonnes entières à critiquer les autres. Telle n'est point notre manière de procéder. Vous avez des prospectus de chacun, et vous devez être seul à décider. En prenant votre décision, considérez bien les points suivants :

Premièrement. Si le cours ou son auteur est approuvé par les collèges, les universités, et les savants ? Les hommes qui s'occupent d'éducation sont en position de se rendre compte de la valeur véritable d'une telle instruction, et un mot d'eux vaut des pages de témoignages de personnes qui n'ont pas convenablement étudié le sujet.

Deuxièmement. L'auteur du cours a-t-il une grande expérience pratique de l'hypnotisme ? Ne le croyez pas sur parole à ce sujet. Mais, les journaux ont-ils consacré de nombreux articles aux récits des démonstrations qu'il a faites, lesquels articles sont d'une absolue authenticité, et a-t-il des lettres ou autres preuves de démonstrations scientifiques faites devant des clubs, collèges et institutions d'enseignement ?

Un homme qui jouit d'une grande renommée comme hypnotiseur doit, dans sa carrière, être apparu devant un grand nombre d'institutions d'éducation, et, si ses démonstrations ont été satisfaisantes, ces institutions sont toujours très heureuses de le certifier.

Troisièmement. L'auteur garantit-il absolument qu'il fera de vous un hypnotiseur, et sa garantie est-elle accompagnée des références d'une banque quand à sa responsabilité ? Quelques personnes garantissent qu'elles vous instruiront, mais elles ne garantissent pas que vous pourrez faire ce qu'elles font. Une garantie de vous enseigner ne signifie absolument rien, mais une garantie que vous réussirez signifie tout, pourvu que celui qui vous donne cette garantie soit financièrement responsable ; nous le sommes et nous pouvons vous convaincre par des références de banques, et il est absolument impossible á quiconque n'est pas parfaitement solvable de fournir de telles références.

Quatrièmement. Nous nous engageons à payer 5,000 francs en or si chacune des approbations des journaux et des collèges publiées par nous n'est pas véritable. Si l'espace le permettait, nous pourrions vous en donner des centaines d'autres, accompagnées de cette même garantie.

Nous enverrons 500 frs. à toute personne qui nous' adressera un nombre égal de recommandations et de témoignages favorables, concernant l'auteur d'un autre des cours maintenant offerts au public, pourvu que tels témoignages et recommandations donnent les noms des journaux où ils ont été publiés et la date de leur publication.

Nous paierons 5,000 frs. si nous ne réussissons pas à enseigner l'hypnotisme à toute personne intelligente. Si vous suivez notre cours, nous vous garantissons absolument et sans condition que vous réussirez. Nous ferons de vous un hypnotiseur ou nous vous remettrons votre argent ; vous ne vous exposez à aucun risque.

Nous vous référons à la " Flour City National Bank," Rochester, N. Y., pour toutes informations concernant notre responsabilité financière.

Cinquièmement. Les gravures, que montrent les prospectus, dans le but de représenter des scènes, sont-elles des photogravures ou des vignettes sur bois ? Si ce sont des photogravures, elles sont la reproduction de la vie réelle et représentent des scènes authentiques. Si ce sont des vignettes sur bois, elles sont le produit de l'imagination du graveur. Toutes les scènes de nos livres et prospectus sont des photogravures et des reproductions de scènes authentiques. Nous ne connaissons pas d'autres prospectus contenant de telles gravures. Si vous ne pouvez discerner la nature des vignettes, demandez à un imprimeur. Les personnes qui n'ont jamais hypnotisé beaucoup de sujets sont forcées de se servir de vignettes sur bois, car elles n'ont aucunes scènes authentiques à reproduire.

L'auteur de notre cours a hypnotisé des milliers de personnes et possède les photographies et les photogravures de centaines de scènes authentiques.

Sixièmement. Les prospectus contiennent-ils des témoignages donnant les noms et les portraits en photogravure de ceux qui ont véritablement éprouvé le cours. Il est essentiel que les noms et les adresses postales des auteurs des témoignages soient donnés, et quand des portraits sont montrés, ils doivent être des photogravures et non

J. F. Rockwell, de Harrisburg, Pe., dit : " Votre cours m'est déjà d'une grande utilité, pour mes affaires et mon plaisir. Je ne voudrais le céder pour vingt fois le prix que j'ai payé. Il vaut certainement $500 pour tout homme désirant avoir une connaissance parfaite de ces sciences."

des vignettes sur bois. Les photogravures doivent être faites directement d'après le portrait et vous savez que vous considérez le portrait d'une personne, tandis que les vignettes sur bois peuvent être faites sans aucun portrait.

Septièmement. Les annonces contiennent-elles des propositions claires et purement d'affaires ? Ou sont-elles un amoncellement d'idées accumulées de manière à ce que vous n'ayez pas mieux compris après avoir lu qu'avant ? Sont-elles rédigées de manière à vous tromper ? Vous remarquerez que nos annonces sont très claires. Nous ne jouons pas sur les mots ni ne n'employons de phrases à double sens.

Quand nous vous disons que nous vous remettrons votre argent si vous ne réussissez pas, nous entendons faire ce que nous disons, et si vous faites affaires avec nous et ne réussissez point, nous vous assurons que ce nous sera un plaisir de vous remettre tout l'argent que vous nous aurez payé.

Huitièmement. Aucune autre institution des Etats-Unis n'a de gradués qui voyagent afin de donner des représentations publiques. Parmi nos gradués qui font métier de donner des représentations publiques, sont les amuseurs bien connus suivants : "The Knowles", "Hart, le Roi du Rire", "Sevengala", "Svingali", "The Gilpins", "The Farnsworths", "Silver and Lawrence". Ces troupes jouent continuellement. Nous serons heureux de donner leurs itinéraires, et vous pourrez leur écrire et vérifier la vérité de nos assertions.

En consultant le "Dramatic Mirror" qui publie les itinéraires de toutes les troupes théâtrales, vous les trouverez mentionnés dans la colonne des déplacements divers.

Si d'autres personnes prétendent que leurs élèves donnent des représentations publiques, demandéz-leur de vous donner les itinéraires. Puis, écrivez aux gérants des théâtres où l'on prétend qu'ils donnent des représentations, et vous constaterez que ces personnes n'existent que dans l'imagination de l'homme qui proclame la supériorité de son cours.

Si vous désirez donner des représentations publiques, vous constaterez que nos méthodes sont les seules que vous pouvez suivre avec succès, au point de vue financier. Les faillites de ceux qui ont essayé de réussir par d'autres méthodes sont du domaine de la statistique. Il n'y a pas un seul opérateur voyageant aujourd'hui et donnant des représentations publiques, qui ne suive notre méthode, et il n'existe pas d'autre institution enseignant par correspondance ou autrement qui ait des gradués qui voyagent.

E. H. Suhl. M. D., de Fayetteville, Mo., dit : "J'ai trouvé l'hypnotisme d'une valeur inestimable pour moi dans l'administration des remèdes et dans le traitement des maladies chroniques et des désordres nerveux et fonctionnels. Dans l'obstétrique il satisfait à un besoin qui se faisait sentir depuis longtemps parmi les médecins. Par vos méthodes, le praticien est en état de l'employer hors la connaissance de son patient."

PREUVE ABSOLUE DE LA SUPÉRIORITÉ DE NOTRE COURS.

POUR vous donner la conviction absolue que notre cours est entièrement différent et de beaucoup supérieur à tous les autres, nous vous ferons la proposition suivante :

Vous pouvez suivre notre cours et en même temps un autre cours quelconque que vous choisirez. Quand vous aurez fini les deux cours, si vous n'admettez pas que notre cours est incontestablement le meilleur, retournez-le nous ainsi que toutes les lettres d'instruction, et nous vous remettrons immédiatement votre argent.

Maintenant, si d'autres, qui ont les mêmes prétentions, veulent vous faire la même proposition, vous pouvez suivre les deux cours et vous n'en aurez qu'un à payer.

Remarquez que nous vous laissons seul décider lequel est le meilleur. Si d'autres sont prêts à faire une semblable proposition, demandez-leur de la faire par écrit, sous leurs propres signatures, accompagnée de références de banques, quant à leur responsabilité, et nous ferons de même, et vous recouvrerez votre argent de l'un ou de l'autre.

Maintenant, vous comprenez très bien que si d'autres sont aussi certains de la supériorité de leurs cours, ils n'hésiteront pas un instant à accepter notre proposition. Elle est loyale, précise, claire et d'affaires. Nous prétendons vous donner ce qu'il y a de mieux ; s'il n'en est point ainsi, nous ne voulons point de votre argent. Nous avons confiance que vous saurez en arriver à une décision intelligente.

Frank Muhl, de Fairwater, Wis., dit : " Au moyen du magnétisme personnel, j'ai forcé des jeunes gens à obéir à mes ordres, en appliquant cette force telle qu'enseignée par vous. Elle m'a aussi permis de collecter certains comptes pour différentes personnes. Votre instruction commence à me donner une force de caractère dont je me sens fier."

PERSONNES OPPOSEES A L'HYPNOTISME.

L y a encore, dans le monde, certaines personnes qui, pour des raisons égoïstes, font tout ce qu'elles peuvent pour empêcher les gens de se rendre maître de l'hypnotisme et du magnétisme personnel. Elles dissimulent leur égoïsme sous différents prétextes, et donnent toujours des raisons apparemment plausibles de leur opposition à l'étude et la pratique de ces sciences. Pour l'avantage des personnes intéressées, nous énumérerons quelques-unes de ces personnes et nous expliquerons les raisons qui les font s'opposer à l'hypnotisme.

1ère. Il y a les journaux qui ont sollicité nos annonces et auxquels nous les avons refusées en raison de leur infériorité comme medium d'annonces. Quelques-uns s'offensent des refus et se hâtent de se poser en adversaires de l'hypnotisme dans un effort pour se venger. Quand un journal quelconque contient un article grossier ou facétieux sur ce sujet, vous pouvez en toute certitude en conclure qu'il agit ainsi parce qu'il a été incapable d'obtenir nos annonces.

2ème. Quelques médecins sont adversaires de l'hypnotisme parce qu'ils comprennent que ceux qui parviennent à le posséder acquierrent le pouvoir de guérir leurs légers malaises. Ceci dérange la pratique du médecin, car ces personnes avant qu'elles se fussent pénétrées de cette connaissance recourraient au médecin au lieu de compter sur elles-mêmes. D'autres s'y opposent, parce que réellement ils ne le connaissent pas. Ils ne comprennent pas le traitement suggestif, et ils attaquent l'hypnotisme en raison de leur ignorance.

3ème. Quelques ministres s'y opposent parce qu'ils croient qu'il diminue leur influence et la religion de ceux qui s'en rendent maîtres. Un tel antagonisme résulte de l'erreur. S'ils comprenaient que l'hypnotisme est le plus merveilleux agent connu de la science moderne pour redresser les mauvaises habitudes, et qu'il est impossible de pervertir la puissance, ils favoriseraient son acquisition par tous. Il est naturel à l'homme d'aimer le droit, la miséricorde et la justice. Quand il laisse entrevoir d'autres dispositions, sa situation est anormale. L'influence hypnotique ramène l'homme à sa condition naturelle, fait ressortir ce qu'il y a de meilleur en lui, et reprime toutes ses dispositions anormales et vicieuses.

4ème. Il y a une classe de personnes qui puisent dans les journaux quotidiens leur opinion concernant les sujets scientifiques. La presse quotidienne a fait un tort énorme à l'hypnotisme. Ceci est dû au fait que beaucoup de journaux quotidiens recherchent les choses sensationnelles. L'hypnotisme est un sujet toujours prêt pour le reporter obligé de remplir de l'espace, qui désire produire de la sensation et qui a une féconde imagination. Quatre-vingt-dix-neuf articles sur cent concernant l'hypnotisme sont absolument faux. Ils n'ont aucune apparence de vérité, naturellement, les personnes qui puisent là leurs informations sont opposées à l'hypnotisme parce qu'elles sont induites en erreur.

D'autres attaquent cette science pour différentes raisons, mais ces raisons ne sont point assez importantes pour justifier une mention spéciale. En général, tous ceux qui s'opposent à l'hypnotisme peuvent être divisés en deux groupes,—ceux qui sont ignorants et qui sont réellement sérieux, et ceux qui comprennent les avantages qui découlent de cette science, mais qui désirent les accaparer. Ils gardent ces secrets avec jalousie et protestent hautement chaque fois qu'un effort est fait pour les divulguer au public. Ils savent que celui qui comprend parfaitement l'hypnotisme est sur un pied d'égalité avec eux. Ceci les effrayent. Ils n'ont pas l'esprit assez élevé pour souscrire au grand principe,—le plus grand bien pour le plus grand nombre.

Nous sommes déterminés de le placer entre les mains de tout homme afin qu'il puisse être l'égal des autres sous ce rapport. Les personnes égoïstes et ignorantes peuvent protester, mais elles protesteront en vain. Elles ne pourront se placer entre un homme et le succès que lui réserve la nature, à moins qu'il ne consente à être privé de son droit de naissance.

Vous recherchez la vérité. Vous ne devez point vous laisser influencer par ceux qui attaquent une chose dont ils ne connaissent rien. Nous vous offrons l'occasion d'obtenir la vérité sans frais. Nous vous envoyons notre cours avec la stipulation que s'il n'est pas tel que représenté, le prix de l'enseignement vous sera remis. Si vous constatez que le cours est tel que représenté, vous pouvez très bien payer la modique somme demandée pour vous faire connaître une telle science. Si vous constatez qu'il vous a été fait de fausses représentations, votre argent vous sera remis sans discussion.

COUT DU COURS.

E prix de notre cours complet de magnétisme personnel, hypnotisme, thérapeutique suggestive et traitement magnétique est de 150 francs. Ce cours a l'approbation entière des premiers savants du monde, et il fut composé à grand frais, sous la direction d'un comité de savants éminents.

C'est le meilleur cours, concernant ces sujets, que l'expérience puisse produire ou que l'argent puisse acheter. Qu'il n'ait pas d'égal en ces matières, cela est prouvé par le succès de ceux qui l'ont étudié, et par la garantie absolue de succès sous laquelle il est vendu par le "New York Institute of Science." Il ne doit pas être confondu avec les cours à bon marché, illogiques et erronés, préparés par des hommes qui n'ont eu aucune expérience, et qui ne sont vendus que dans le but de réaliser des gains. Rappelez-vous qu'un mauvais renseignement est cher à n'importe quel prix, tandis que les avantages du meilleur enseignement ne peuvent être estimés. Le bon marché ne dépend point de ce que vous payez, mais de ce que vous obtenez pour ce que vous payez.

Ce cours a été préparé par les hommes les plus compétents. Ce n'est point une énumération de théories, c'est une compilation comprenant la pratique d'hommes expérimentés dans les différentes branches des sciences occultes. Il est enseigné par un institut qui a une renommée établie dans le monde scientifique. L'élève qui suit ce cours complètement a droit à un certificat qui est partout considéré comme une garantie absolue de son habileté comme hypnotiseur. Des cours de **beaucoup inférieurs ont été et sont encore vendus 500 francs.**